AF409062

GABRIELA MISTRAL

CLAUDIA REYES GARCÍA

EDITORIAL
UNIVERSIDAD
DE LA SERENA

GABRIELA MISTRAL
Claudia Reyes García

Colección *Biografía Breve*
ISBN 978-956-7052-35-6
Primera edición: Diciembre 2017

© Editorial Universidad de La Serena
Los Carrera 207 - Fono (51) 2204368 - La Serena
editorial@userena.cl
www.editorial.userena.cl

Fotografía de portada: Archivo del Escritor, Biblioteca Nacional de Chile

NOTA LIMINAR

Existen infinidad de investigaciones y ensayos acerca de la vida y obra de Gabriela Mistral, abordados desde distintas visiones y con diversos grados de complejidad. Buena parte de ellos, así como también biografías realizadas en base a sus textos, resúmenes y líneas de tiempo, están hoy disponibles, además de en un sinnúmero de libros, en un abanico de prestigiosas páginas web. La mayoría de los versos y recados, correspondencia y artículos de Gabriela Mistral se encuentran digitalizados. Es la razón por la que este breve libro no sigue los cánones usuales de la escritura biográfica y escapa del formato clásico.

Se ha elegido destacar etapas y experiencias de la poeta chilena, tal vez las menos en boga en la actualidad que, sin embargo, consideramos esenciales y pertinentes.

La intención de este breve libro, pensado para lectores no especializados, está en contribuir, de un modo inevitablemente subjetivo, a la formación de una idea general sobre Gabriela Mistral y provocar, ojalá, el interés en conocerla y motivar su lectura.

1889 Gabriela Mistral nace el 7 de abril en Vicuña (Valle del Elqui, Chile). Hija de Petronila Alcayaga Rojas y de Jerónimo Godoy Villanueva, su nombre civil es Lucila de María. La familia vive en el pueblo de La Unión (hoy Pisco Elqui).

1891 Jerónimo Godoy, desde 1887 maestro de la escuela de la Unión, se traslada al interior de Ovalle. Emelina Molina Alcayaga, su media hermana, maestra rural, trabaja en la Escuela de Niñas de Paihuano.

1892 Emelina Molina es nombrada Directora de la Escuela de Niñas de Montegrande. En la Casa Escuela vive y estudia Gabriela Mistral, junto a su madre y hermana.

1900 Emelina se traslada a Diaguitas y Gabriela Mistral ingresa a la escuela Superior de niñas de Vicuña.

1903 La familia reside un breve tiempo en la Serena y Coquimbo; luego se traslada a El Molle.

1904 Colabora en el periódico "El Coquimbo" de la Serena. Con 14 años es designada ayudante de la Escuela de la Compañía Baja.

1905 En los periódicos "El Coquimbo", de La Serena y "La Voz de Elqui de Vicuña", aparecen dos artículos publicados con el seudónimo *Soledad*.

1906 Conoce a Romelio Ureta Carvajal, empleado de los ferrocarriles. Continúa escribiendo para el "Coquimbo" y en "La Voz de Elqui" publica su célebre artículo "La instrucción de la mujer".

1907 Inspectora del Liceo de Niñas de La Serena. Escribe para el periódico "La Reforma" y la revista "Penumbras", de La Serena.

1908 Es maestra en La Cantera, cerca del Puerto de Coquimbo. Escribe para el peródico "La Tribuna". Figura en la antología Literatura Coquimbana, de Carlos Soto Ayala

1909 Se desempeña como maestra en la escuela de Los Cerrillos. El 25 de Noviembre se suicida Romelio Ureta Carvajal.

1910 Rinde exámenes libres en la Escuela Normal de Santiago y obtiene el título de maestra primaria. Es profesora en Barrancas, en los alrededores de Santiago.

-En el diario "El Coquimbo" de la Serena publica *Ventajosos Canjes...* artículo sobre la instrucción primaria obligatoria.

1911 Profesora de Higiene en el Liceo de Traiguén.

1912 Profesora de Historia e Inspectora General en el Liceo de Antofagasta.

-Muere su padre en Copiapó, a los 52 años.

1912 Inspectora y profesora en el Liceo de Los Andes durante seis años; aquí escribe la mayoría de los poemas que conformaran el corpus de "Desolación".

1913 Rubén Darío, director de la *Revista Elegancias* en París, publica de Gabriela Mistral el poema "El ángel guardián" y un cuento infantil "La defensa de la belleza".

1914 A los 25 años, el 22 de diciembre gana los Juegos Florales de Santiago con sus "Sonetos de la Muerte". Son jurados: Manuel Magallanes Moure, Miguel Luis Rocuant y Armando Donoso.

1917 Colabora con poemas y cuentos en los libros de lectura escolar de Manuel Guzmán Maturana, que incluye 55 poemas de Gabriela Mistral.

1918 Pedro Aguirre Cerda, Ministro de Educación del Presidente José Luis San Fuentes, la nombra profesora de castellano y Directora del Liceo de Punta Arenas, hasta Abril de 1920. Empieza a publicar en el "Repertorio Americano".

1920 A los 31 años es trasladada al Liceo de Temuco, con igual cargo. Conoce al joven Neftali Reyes Basoalto (Pablo Neruda).

1921 Es la primera directora del Liceo de Niñas N°6 de Santiago.

1922 El 23 de junio, viaja a México, invitada por el Ministro de Educación, José Vasconcelos, a colaborar en la Reforma Educacional. La acompaña la escultora Laura Rodig. Antes de partir es contratada como corresponsal del Diario "El Mercurio".

-El Instituto de las Españas de Nueva York, publica *Desolación* su primer libro.

1923 Realiza la antología *Lectura para mujeres* que aparece en México, imprimiéndose 20.000 ejemplares.

-En Chile aparece la segunda edición de *Desolación*. El Presidente de México Álvaro Obregón le otorga una beca para recorrer Europa por un año.

-La Universidad de Chile le concede el título de profesora de castellano.

1924 Realiza su primer viaje a Europa, visitando Italia, España, Francia, entre otros. En ese año también viaja a Estados Unidos. Dicta una conferencia en la Universidad de Colombia y pronuncia su primer discurso en la Unión Panamericana de Washington. En Madrid se publica *Ternura*, su segundo libro.

1925 Teniendo 36 años, regresa a Latinoamérica, visita Brasil, Argentina y Uruguay. Se radica por algunos meses en Chile y se le reconoce una pensión, jubilándola como maestra.

1926 Tercera edición de *Desolación*. Es nombrada Secretaria del Instituto de Cooperación Intelectual, de la Sociedad de las Naciones, en Ginebra, con sede en París.

1927 Asiste, en representación de la Asociación de Profesores de Chile, al Congreso de Educadores en Locarno, Suiza.

1928 Asiste al Congreso de la Federación Universitaria de Madrid, como delegada de Chile y Ecuador. A su vez trabaja en el Instituto Internacional de Cine en Roma.

-Adopta a su sobrino Juan Miguel Godoy Mendoza (Yin Yin), hijo de su medio hermano Carlos Miguel Godoy, nacido en Barcelona en 1925.

1929 Muere su madre Petronila Alcayaga Rojas.

1930 Dicta cursos y conferencias en establecimientos de segunda enseñanza, en Estados Unidos, como el Barnard College.

1931 Recorre Centroamérica y Las Antillas. Dicta cátedra de Literatura Hispanoamericana en la Universidad de Puerto Rico. Dicta conferencias en la ciudad de La Habana y en Panamá.

-La Universidad de Guatemala le confiere el grado de Doctor Honoris Causa.

1932 Es nombrada Cónsul particular de libre elección. Destinada a Génova, no ejerce debido a su posición antifascista.

1933 En el mes de julio se traslada a Madrid, en reemplazo del Cónsul Víctor Domingo Silva.

1935 Por ley del Congreso, se le designa Cónsul de libre elección con carácter vitalicio.

1936 Cónsul en Oporto, Portugal

1937-1938 Realiza una gira como embajadora cultural, por ocho países americanos. Visita brevemente Chile, donde se le rinden numerosos homenajes.

-Se publica *Tala*, su tercer libro, (en Buenos Aires, editorial Sur, dirigida por Victoria Ocampo).

1939 Cónsul de Chile en Niza, Francia.

-Se inicia en Ecuador, Chile, Latinoamérica y España una campaña para su candidatura al Premio Nobel de Literatura.

1940 Cónsul General de Chile en Brasil. Se establece en Petrópolis.

1943 El 14 de agosto muere su hijo adoptivo, Juan Miguel Godoy Mendoza (Yin Yin), a los 17 años de edad.

1945 El 15 de Noviembre recibe la noticia: le ha sido concedido el Premio Nobel de Literatura. Se embarca, en el vapor sueco Ecuador, rumbo a Estocolmo, donde recibe el premio de manos del Rey Gustavo de Suecia, el 10 de Diciembre.

1946 Cónsul de Chile en Los Ángeles, California. Compra una casa en Santa Bárbara.

-La Universidad de Florencia le otorga el grado Académico Doctor Honoris Causa. El Gobierno Francés le brinda en París la condecoración con grado de Chevalier de la Legión de Honor

-La Asociación bibliográfica y Cultural de Cuba le otorga la medalla Enrique José Varona.

-Nueva Orleans la declara "Hija de la Ciudad".

1947 Doctor Honoris Causa del Mills College, Oakland, California.

-Fallece su hermana Emelina.

1948 Cónsul en Veracruz, México.

1950 Recibe el premio Serra de las Américas, en Washington, por The Academy of American Franciscan History.

-Se embarca en Nueva York rumbo a Génova. Cónsul de Chile en Rapallo, Italia.

1951 Se le otorga el Premio Nacional de Literatura en Chile.

1953 Invitada oficialmente por el Presidente Carlos Ibáñez del Campo, en septiembre, después de 16 años de ausencia, visita Chile por última vez.

-La Universidad de Chile le confiere el título Doctor Honoris Causa.

-A fines de Octubre regresa a Nueva York.

-Se publica en Chile su libro *Lagar* (diciembre, por la Editorial del Pacífico).

-Con ocasión del Bicentenario de la Universidad de Columbia se le confiere el doctorado Honoris Causa.

1955 En Nueva York, el 10 de Diciembre, presencia la lectura de su mensaje sobre los Derechos Humanos en las Naciones Unidas.

1956 El gobierno de Chile le concede una pensión especial.

1957 Muere a las 04.10 horas del 10 de Enero, en el Hospital General de Hempstead, en Nueva York.

A Gabriela Mistral ninguna materia le fue ajena. Generosa en compartir su pensamiento inequívocamente humanista, se instala como una singular intelectual orgánica del siglo veinte. Hacedora de una opinión nunca neutra; escribe en las tribunas de principales diarios y revistas del orbe y dicta cátedra (ambas acepciones) en universidades, convenciones y congresos, en ciudades de las tres Américas y en Europa.

Más de medio siglo, nos habló Gabriela Mistral desde su púlpito de maestra de escuela y en las Naciones Unidas, con vital inteligencia y preciosa estética renovadora del lenguaje, de su compromiso social y espiritual frente a la injusticia del mundo. Y nos sigue retumbando hoy, el mandato y urgencia de sus *Recados* de hija de la democracia chilena y representante del continente nuevo, como ella bien se proclama, cuando en nombre de la lengua castellana y de la portuguesa, recibe el Premio Nobel de Literatura.

Insigne agrarista, de alma modesta y espíritu altivo; campesina de identidad irrenunciable *"por la sangre y el ojo con viña y espiga"*. Sirvió a los pueblos y trabajó en la faena de democracia; cautivó a grandes personalidades y trato de tú al poder porque *"del oro nunca fue esclava ni compañera"*. Militante de los derechos humanos y de la paz que no es jalea dulzona; cristiana, a su manera, y socialista del Tahuantinsuyo; Gabriela Mistral fue mujer de grandes causas y de pequeñas huertas, que cultivó con igual esmero y rigor que sus versos.

(Nota del editor: todos los textos en *cursiva* pertenecen a Gabriela Mistral. Las palabras en ***cursiva y negrita*** son sus libros publicados).

LA PATRIA DE LA INFANCIA

Albricia

El sentido de la palabra en la tierra mía es el de suerte, hallazgo o regalo. Yo corrí tras la albricia en mi valle de Elqui, gritándola y viéndola en unidad. Puedo corregir en mi seso y en mi lengua lo aprendido en las edades feas - adolescencia, juventud, madurez - pero no puedo mudar de raíz las expresiones recibidas en la infancia. Aquí quedan, pues, esas albricias en singular.

Gabriela Mistral, bautizada e inscrita con el nombre civil de Lucila de María, es hija única del matrimonio que conforman el maestro y poeta popular Jerónimo Godoy y la bordadora de hermoso canto, Petronila Alcayaga. Tiene una media hermana por parte de madre y quince años mayor, Emelina Barraza, maestra rural de quien aprenderá las primeras letras.

Nace el domingo siete de abril de 1889 en Vicuña, ciudad situada en un abra en lo bajo del precordillerano Valle del Elqui, en el norte chico chileno, distante a un poco más de quinientos kilómetros de Santiago y a cien del océano Pacífico. Sus padres, que viven valle arriba en el pueblo de La Unión, donde Godoy es maestro de la escuela, bajan a Vicuña para que la madre y la hija tengan mejor atención si se presentan dificultades durante el alumbramiento. Petronila tiene 42 años y el ansioso padre 29.

No se cansará de aclarar Gabriela Mistral, que en Vicuña nació por casualidad y que es Montegrande, aldea treinta y tantos kilómetros valle arriba, en la que vive de los tres a los once años, su lugar de origen.

"Nací yo en cuidad, pero me crié en el campo. La aldea de toda mi infancia se llama Montegrande (Valle de Elqui) ... de él guardo lindas imágenes y tantas son ellas como para que yo lo declaré mi lugar de nacimiento o mejor de "origen" Porque allí nací al amor de la tierra... Tuve el huerto domestico que a ningún niño debería faltarle, tuve como maestra a ese ejemplar de hermana heroica y dulce, tuve el cariño pueblerino que ella y mi madre ganaron entre el campesinado; tuve la escuela misma por casa... El patio espacioso y el huerto de mis amores, me dieron el gusto del espacio, el cual significa para mí alegría y más: euforia. Aquello me valió como... granja cabal".

A Montegrande llega con su madre y Emelina, nombrada maestra de la escuela y convertida en proveedora del sustento familiar, luego del fracaso del matrimonio de sus padres. Jerónimo Godoy, originario de otro nortino valle chileno, el del río Huasco, abandona el hogar y no se le verá más por tierras elquinas.

Le escribe, alguna vez.

"Oh dulce Lucila
que en días amargos
piadosos los cielos
te vieron nacer,
quizá te reserve

para ti, hija mía
el bien a que a tus padres
no supo ceder".
J.G.

De ese valle donde las viñas dejaban grande espacio a tierras de higuerales, duraznos para la pela, delicados damascos, naranjas dulces y peras blancas; y en el que se distinguía el canto de los chincoles, las loicas, los zorzales, los jilgueros y los tordos; donde llegaba el aroma de los lagares de casas distantes y se escuchaba el talar de las cosechas como estando al lado; de su *"aldea de treinta casas"* y de los *"diez kilómetros que se aprendieron para toda la vida a lo largo de la infancia"*, al regresar en 1938, observa Gabriela Mistral un panorama que la conmueve y del que reclama, recordando su *"pascua frutal de los nueve años"*:

"Volví allí treinta años después, para ver ¡ay! ... todo emigraba, todo subía en carros y carromatos, y los niños que trajinaban por las callejuelas no tenían los "buenos colores" de mis compañeras de juego, de mí Jesusa, de mi Antonia, de mi Cristina, tampoco la vivacidad de aquellos ojos...el pobrerío que me contó "el Chile nuevo", me dijo más o menos: -Todo se va en los carros copeteados, en las cajas saqueados. Todo se vende ahora y tanto sube la fruta, que los "chilpositos" ya no la tienen. ¿Cómo no la van a tener? Y a nadie le alarmaba el despojo, eso que llamaría un clásico el espolio de los niños. Ya sé que me responderán a este clamor: "Pero los chiquillos de su tiempo andaban descalzos vestidos de tirillas y esos ahora se cuentan con los dedos". Hay gentes que ignoran el valor nutritivo de esas personi-

17

tas asoleadas y melificadas por el sol alácrito del Chile central. Devolverle a los chiquitos nacidos en el riñón frutal de mi valle la euforia que gocé yo, niña de gente sin dineros sin palmo de tierra. Cobro para ellos lo que tuve y hablo por esos "pergenios" que no pueden alegar".

De Vicuña, Gabriela Mistral guardará largos años el recuerdo de una innoble acusación, *"memoriosa que no olvida"*, la contará tantas veces que, recogida en versiones más y menos trágicas, es el trance más conocido de su infancia.

El episodio ocurre una vez que ingresa a la Escuela Superior de Niñas de Vicuña, a continuar los estudios que ha recibido de su hermana. La familia se traslada a la aledaña localidad de Diaguitas; en ese entonces ir a Vicuña desde Montegrande, podía demorar más de media jornada. En la escuela le encargan repartir cuadernillos de papel a las alumnas, sin embargo, en un arqueo que hace con la Directora -madrina suya, de quien había sido lazarillo y leído durante las tardes- las cuentas no cuadran y faltan pliegos. La profesora no cree en su inocencia y hace un sermón sobre los ladrones, usándola de ejemplo frente a sus compañeras. Nunca olvidará Gabriela Mistral está humillación, azuzada luego en coro de niñas que la aguardan en la plaza para llamarla ladrona y arrojarle piedras.

Haya habido o no guijarros en la historia, Gabriela Mistral cuyo imaginario de infancia está poblado por la lectura del Antiguo Testamento, siente la experiencia como una verdadera lapidación. Transcurrido más de medio siglo, en 1951 en una carta a Radomiro y Olaya Tomic, dice: *"Mi vida de allá de mi provincia, se llama Montegrande.*

Llegué allí de tres años y salí de once. Y eso nadie lo nombra, y Vicuña es una mancha negra en mi memoria (ya les daré estos datos. Acabo de llegar de Roma y estoy cansada)". (1)

Su madre y Emelina la retiran de la Escuela. La Directora les advierte de la poca inteligencia de la niña. Nunca más tendrá ella estudios regulares. Para no expulsarla, se informa que deja la escuela por falta de aptitud del intelecto. La formación inicial que le brinda su hermana y el aprendizaje vivencial de Montegrande, serán su excepcional sustento formativo.

Antes de cumplir quince años, se emplea como ayudante de preceptora en la escuela de la aldea rural de La Compañía Baja, muy próxima a la ciudad de La Serena. Allí conoce el mar: *"Cuando llegué a La Serena, es decir al mar, mi admiración no fue tanto la del oleaje vivo, como la del espacio desatado"* e imparte clases *"como hija de gente pobre y padre ausente, a niños de cinco a diez años y a muchachones que me sobrepasaban en edad".*

En la pequeña casa de adobe en que vive junto a la escuela, tendrá por primera vez acceso a libros:

> *"Un viejo periodista dio un día conmigo y yo de con él. Se llamaba don Bernardo Ossandón y poseía el fenómeno provincial de una biblioteca grande y óptima... Con esto comienza para mí el deslizamiento hacia la fiesta pequeña y clandestina que sería mi lectura vesperal y nocturna, refugio que se me abriría para no cerrarse más".*

La joven maestra confiesa que lee con entusiasmo al colombiano Vargas Vila (a Darío y a Nervo los descubrirá más tarde) y que se cautiva del pensamiento de Michel

Montaigne y con las crónicas científicas del astrónomo Camilo Flammarión. Escribe para periódicos locales artículos de opinión, que le impedirán ser aceptada en la Escuela Normal de La Serena, por abordar temas impropios, -según el influyente cura y capellán Ignacio Munizaga- para una señorita que pretende ser maestra normalista.

"Yo había escrito un artículo que decía que "la naturaleza era Dios". A causa de aquella frase pagana el capellán de la Normal dijo en consejo de profesores". Esta niña es naturalista y pidió que yo no fuera admitida".

Trabajará en el Liceo de Niñas de La Serena como secretaria y luego en Las Escuelas de Cerrillos y la Cantera, próximas al puerto de Coquimbo.

En esos años conocerá a Romelio Ureta, un empleado de ferrocarriles con quien tendrá un romance. Tiempo después de terminado el amorío, el joven se quita la vida por no poder cumplir con una deuda contraída. En uno de sus bolsillos se encuentra una vieja tarjeta o carta de Gabriela Mistral. De esto se hará una leyenda. Durante décadas el ferroviario suicida figurará en las biografías de la poeta, como su único e inolvidable amor, el inspirador de sus versos, a quien ella se consagraría fielmente hasta su propia muerte.

En 1910, Gabriela Mistral viaja a Santiago a rendir exámenes libres en la Escuela Normal, que avalan su práctica pedagógica de los últimos seis años y le permiten enseñar en la educación secundaria.

"La situación de mi casa había cambiado mucho, y yo tenía que sostener a mi madre. Una sola vacante había

en instrucción primaria, y la acepté con este desprecio absoluto que todavía tengo por las jerarquías dentro de un servicio en que no hay, en verdad, sino categorías morales e intelectuales. Fui a una escuela rural, a una legua de Coquimbo. Estuve allí dos años y vine a Santiago a dar mi examen final en la Normal Nº 1 por cuanto la de La Serena no me daba garantía alguna de honradez".
(Carta de Gabriela Mistral a Pedro Aguirre Cerda, febrero de 1920.)

Todo en ella es Ternura

"Cuando he escrito una ronda infantil, mi día ha sido verdaderamente bañado de Gracia, mi respiración como más rítmica y mi cara ha recuperado la risa perdida en trabajos desgraciados. Tal vez el esfuerzo fuese el mismo que se puso en escribir una composición de otro tema, pero algo, que insisto en llamar "sobrenatural", lavaba mis sentidos y refrescaba mi carne vieja".

Cosmopolita de su niñez de Montegrande, Gabriela Mistral en enseñanza y dictamen; en ejercicio espiritual, modo diplomático e intervención política; desde Las Antillas hasta el Mediterráneo, en la península ibérica y en Veracruz; en su plena juventud en Los Andes y en su agonía de Roslyn Harbor; tuvo siempre una urgencia vital y un supremo interés, la infancia:

"Somos culpables de muchos errores y muchas faltas, pero nuestro peor crimen es abandonar a los niños, olvidando la fuente de vida. Muchas de las cosas que necesitamos pueden esperar. Los Niños no. Justo ahora es el momento en que sus huesos se están formando, su sangre se está elaborando Y sus sentidos siendo desarrollados. A él no podemos responder "Mañana". Su nombre es "Hoy".

En generosa contribución a la mujer y su maternidad, y la pedagogía y maestros, empieza a componer sus poemas y rondas. Estima ella que no tienen los niños versos que les canten y encanten.

"He querido hacer una poesía escolar nueva, porque la que hay en boga no me satisface; una poesía escolar que no por ser escolar deje de ser poesía, que lo sea, y más delicada que cualquier otra, más honda, más impregnada de cosas de corazón: más estremecida de soplo de alma".

Y lo hace como la buena maestra que es, desde los catorce años. La enseñanza es su oficio rector y vocación primigenia, único título con que le gustará ser reconocida, porque irá por la vida siempre enseñando y sin renunciar a aprender, fortaleza de su genialidad autodidacta, que atesora el saber, sin idolatrías ni canjes: *"Voy solo donde puedo servir, pero siempre aprendo más".* Será maestra de los niños que asisten a sus escuelas y de las niñas que van a sus liceos, de los campesinos y obreros de los pueblos y ciudades a los que alfabetiza, organiza y defiende, en sus años de peregrinaje docente a largo del territorio chileno.

Cada día nos recordará Gabriela Mistral que, en los

niños, misión esencial del hoy, se funda la sociedad justa del mañana. A las madres, les dirá que sus hijos son también su patria, para ellas versificará arrullos y compondrá canciones de cuna. A los maestros les hará manifiestos y recetas espirituales de enseñanza.

"Sé fervoroso. Para encender lámparas hay que llevar fuego en el corazón. Simplifica. Saber es simplificar sin restar esencia. Si no puedes dar amor mucho no enseñes niños". "La enseñanza de los niños es tal vez la forma más alta de buscar a Dios. Pero es también la más temible en el sentido de la tremenda responsabilidad. No hay nada más bello sobre el mundo que la conquista de las almas".

A los gobiernos les hará ver, con determinación, su ineficiencia: *"Cuanto se ha hecho hasta hoy dentro de nuestros sistemas por salvar a la infancia en conjunto de la miseria y la degeneración, aun por los mejores, resulta pobre, vacilante y débil, y es un balbuceo. (...) No se resuelve el problema de la infancia sin resolver en su mitad el problema social".* A las Naciones Unidas les redactará los principios para que los niños sean sujetos de derecho. En el intertanto, irá a la Reforma Educacional de México a levantar la Escuela Granja y escribir "Lecturas para Mujeres": *"Otra forma de patriotismo que nos falta cultivar es esta de ir pintando con filial ternura, sierra a sierra y río a río, la tierra de milagro sobre la cual caminamos".*

En Ginebra, los representará en su Congreso; y a Buenos Aires enviará a la Convención de Maestros, la ponencia cuyos enumerados principios serán el sustento de la Declaración Universal de los Derechos del Niño:

"La infancia servida abundante y hasta excesivamente por el Estado, debería ser la única forma de lujo -vale decir, de derroche- que una colectividad honesta se diera, para su propia honra y su propio goce. La infancia se merece cualquier privilegio".

En Montevideo, en una magistral mesa de conversación que comparte con Juana de Ibarbourou (*su Juana de América*) y Alfonsina Storni (*su hermana siamesa*), dejará muy en claro y pedagógicamente expuesta la dimensión de la infancia en su hecho poético, cuando le preguntan: ¿Cómo hace sus versos? (2)

"Habría que remontar a todo lo que nos ha ido trabajando el corazón para esa calidad de la carne que le damos a la cuchillada, es decir, habría que comenzar en la infancia donde todo comienza; de manera que: ¡menudo trabajo contar con lo que hacen los versos!"

Luego, narra con su voz que atrapa: *"que escribe sobre una tablita"* en la mañana o en la noche *"porque la tarde jamás le sirvió de nada"* y confiesa *"que tiene el hábito regalón de que le den todo hecho, excepto los versos"*, los que escribe *"sin prisa, generalmente, y otras veces con una rapidez vertical de rodado de piedras en la cordillera"* y que siempre los *"corrige más"* de lo que podríamos imaginar.

En una línea hará la revelación, ya no de como hace sus versos, sino que de lo que para ella es la poesía: *"La poesía es en mí sencillamente un rezago, un sedimento de la infancia sumergida"* y con su doble artesanía del *"verso y la lección"*, les hablará a los asistentes como si fuesen un público de niños y leerá el poema que más quiere, dejando en el ambiente un corro de infancia luminosa: *"Se llama 'La pajita' y está escrita en la lengua folclórica de nuestro pueblo chileno que cuenta de una curiosa manera diciendo «esta que», o «este que»"*.

> *Esta que era una niña de cera;*
> *pero no era una niña de cera,*
> *era una gavilla parada en la era.*
> *Pero no era la gavilla*
> *sino la flor tiesa de la maravilla.*
> *Tampoco era la flor, sino que era*
> *un rayito de sol pegado a la vidriera.*
> *No era un rayito de sol siquiera:*
> *una pajita dentro de mis ojitos era.*
> *¡Allegúense a mirar cómo he perdido*
> *entera, en este lagrimón, mi fiesta verdadera!*

Esta misma reveladora charla, y su consentido poema, será lectura pública en Santiago en el Teatro Caupolicán en mayo de 1938: *"Voy a decirles esa pequeña poesía que habla de la viga en el ojito del niño. Se llama 'La pajita'"*. Y el 16 noviembre de 1945, en entrevista que concede al diario chileno El Mercurio, al anunciarse que ella es nada menos que la primera chilena, autora de Latinoamérica y mujer de habla castellana en obtener el Premio Nobel de Literatura, insistirá una vez más: *"Les parecerá extraño, pero entre todos mis trabajos, el que prefiero es una pequeña canción de cuna que escribí con el título de 'La pajita'. Debe ser porque yo siento un profundo afecto por esta clase de poesía"*.

Mucho antes, en una visita que hace a Costa Rica en septiembre de 1931, les recitará "La pajita", a las alumnas de la Escuela Vitalia Madrigal de San José, no sin antes advertirles que es ella una muy mala declamadora.

Su vida es un himno de trabajo a la autonomía, porque nada le será fácil y menos regalado. Luego de atravesar la geografía patria, sigue las rutas oceánicas de su errancia voluntaria, camino de estratega, poética de Ítaca. No tendrá la dimensión del viaje, sino la permanencia en él, que la hace visionaria. Y para no extraviarse llevará siempre una cajita celeste con tierra de su Montegrande y una brújula caza estrellas, que le indica la suya, el sol andino y luminoso del laberinto de cerros de su infancia, en aquella *tajeadura heroica en la masa montañosa, pero tan breve que no es sino un torrente entre dos orillas verdes que puede llegar a amarse como lo perfecto*".

A los niños, y para que a ellos les canten, les publica en volumen su **Ternura** (1924); los únicos versos que transmutarán desde **Desolación** (1922); y que indican el cumplimento del "Voto"; que estampa en las páginas de aquel primer libro manifiesto de su pasión. El sentimiento formidable que es la ternura, fortaleza máxima del arte y el amor, como mejor no pudo sentenciar Oscar Wilde, ("In art as in love, tenderness is what gives strength" / "En el arte como en el amor, la ternura es lo que da la fuerza") resplandece en las materias y en los Himnos de cordillera y sol de **Tala** (1938). Así lo explica la poeta:

"Lo mismo que cuando hice unas Rondas de niños y unas Canciones de Cuna, balbuceo el tema por vocear su presencia a los mozos, es decir, a los que vienen mejor dotados que nosotros y "con la estrella de la fortuna" a mitad de la frente. Puede que, como en el caso anterior, el que entendió la señal siga la ruta y alcance el logro".

La infancia es vital y surtidora de su obra poética. Es para los niños su huerto entero, su dejo rural, su canturreo. Sus versos que son mandato y legado, van de la mano sin soltarse hasta **Lagar** (1954) y, en el póstumo **Poema de Chile** (1967), un niño atacameño dará zancadas junto a ella, por el país hecho paisaje, al que quiso la poeta llamar Canto.

Su poesía, nos dice, es una sola obra, aun cuando se reparta en varios libros: "Lleva este libro lleva un pequeño rezago de **Desolación**, nos dice en **Tala**, *"Y el libro que le siga -si alguno le sigue- llevará también un rezago de TALA..."*

La poeta de Desolación

El paisaje magallánico es una revelación para la joven directora, que enfrenta por primera vez un invierno austral y conoce las dimensiones que puede alcanzar el frío. *"La tierra a la que vine no tiene primavera"* dirá Gabriela Mistral, que llega a Punta Arenas a hacerse cargo del Liceo de Niñas, luego de siete años de lo que podríamos llamar una excepcional preparación en Los Andes, tanto en la praxis pedagógica, como en el perfeccionamiento de las dos vertientes de su ejercicio autoral, la composición poética y la escritura en prosa.

Vivificante temporada de madrugador jardinear de su huerta e intenso enamoramiento; de profusa publicación de sus versos y ejercicio epistolar que anticipan sus rutas por el mundo.

En Los Andes, la maestra tendrá el regalo del tiempo que dedicar a sus lecturas *"vesperales y nocturnas"*. Admiradora del poeta nicaragüense Rubén Darío, a quien llama *"el ídolo de su generación"*, le envía una carta al enterarse de la cancelación de su viaje a Chile:

> *"Soy una que le aguardaba al pie de los Andes para presentarle su devoción y la de sus niñas -discípulas- que charlan de Vd. familiarmente, después de decir su 'Cuento a Margarita' y su 'Niña Rosa'. ¡Pero Vd. no vino y yo solo le mando en estas hojas extensas toda esa cosa pura y fragante que es el querer de cien niñas a un poeta que les hace cuentos como nadie jamás los hizo bajo el cielo!"*

A la misiva, adjunta su poema "El Ángel Guardián" y el cuento "La Defensa de la belleza", que el representante máximo del modernismo elogia y publica en su "Revista Elegancias", en París. Es el estreno, en abril de 1913, de la firma Gabriela Mistral, en páginas europeas.

Otro de sus predilectos, al que también le escribe, es el mexicano Amado Nervo; de él dirá: *"con sus versos en la boca, fui yo al amor; ellos me ayudaron a querer y cuando se fue el amor ellos me ayudaron a sollozar de modo sosegado y acerbo"*. Como a ningún otro, halagará la maestra de Los Andes, al hombre de los versos sinceros que es el cubano José Martí: *"a Martí lo venero, le tengo una admiración penetrada de ternura... He hallado en Martí como en ninguno la palabra viva"*.

Leerá con ternura al poeta de Calcuta, recién laureado con el Nobel, Rabindranath Tagore, a quien quiere *"por su literatura y su pedagogía de cera y miel"*. Repasará a los autores rusos y entre ellos a León Tolstoi, de quien le interesa tanto la "Guerra y la Paz" como sus caminos por la enseñanza. Coincidirá en huella geográfica y pasión educativa con el "Hombre Sarmiento" cuyo ejemplo *de trabajo en la escuela rural de Pocuro, cerca de Los Andes"*, que la conforta *"profundamente en sus siete años de Aconcagua"*, será su inspiración años más tarde, en la Reforma mexicana: *"una labor constructiva de educación que sólo tiene paralelo digno en la del gran Sarmiento"*, dirá la maestra misionera al dejar las tierras aztecas.

Los versos que compone y perfecciona -la poesía es su *"oficio paralelo"* y *"la fiesta de su vida"*- son reconocidos en su mérito y premiados en Los Juegos Florales, principal certamen literario de la época. Un triunfo que posesiona su voz poética e inscribe su nombre literario en las páginas de las letras hispanoamericanas. Los alejandrinos **Sonetos de la Muerte**, trabajo con que gana a los 25 años y en la primavera de 1914, la flor natural, la medalla de oro y la corona de laurel, integrarán el corpus de su primer libro **Desolación** (1922). El título de esta obra, se convertirá en el vocativo con que el académico Hjalmar Gullberg la presenta en La Ceremonia de entrega del Premio Nobel de Literatura, en el Palacio de La Filarmónica de Estocolmo, anunciándola como "La Poeta de Desolación", el 10 de diciembre de 1945.

El valle de Aconcagua

La noticia de su traslado a Santa Rosa de Los Andes, la recibe feliz Gabriela Mistral que a la fecha enseña en Antofagasta. No solo dejará el puerto minero que muy poco le agrada, sino que vivirá en un valle cordillerano, transversal y conectado en geografía y paisaje de sol al Elqui de su infancia. La travesía fue larga hasta el puerto de Valparaíso, más de dos mil millas marítimas, y luego hubo de tomar el tren hasta Los Andes. Era el invierno de 1912.

La maestra llega con el cargo de inspectora a impartir clases de Gramática Castellana e Historia de la Edad Media al Liceo de Niñas. En un principio vive en dependencias del mismo establecimiento y muy pronto se traslada a Coquimbito, villorrio cercano a Los Andes. Arrienda allí una casa de dos pisos, construida en adobe y madera, desde donde puede ver la lámpara del amanecer y desvanecerse el sol rojo de fuego, entre los cerros nevados de la cordillera. El patio en que cultiva su huerta, colinda con las frías aguas del rio Aconcagua y tiene por vigía un viejo álamo; también varios naranjos que tiñen de azahares cada primavera. La paz del lugar, se altera únicamente por el paso del tren transandino, que une Los Andes con Mendoza; estruendo de fierros que no perturba a la maestra, sino que le trae a la memoria el sonido de unos carretones de su infancia en Montegrande.

De sus siete años en Los Andes, nos dice Gabriela:

"fueron los más intensos de mi vida, todo se lo debo a este sol traspasador, a esta tierra verde y a este río. Hasta tal punto fijé mi corazón en este paisaje hebreo de montañas tajeadas y purpúreas, que quiero llamar a Los Andes mi tierra nativa, la de mis preferencias".

Laura Rodig

En Los Andes, Gabriela Mistral conoce a su entrañable amiga la artista Laura Rodig, quien la acompañará en sus labores educativas y literarias durante diez años; haciendo las veces de su asistente, trabajando junto a ella en los liceos del sur chileno y compartiendo luego viaje a tierras mexicanas. A Laura dedica Gabriela Mistral el poema *"El Pensador de Rodin"* que inicia la sección "Vida" en **Desolación**. Ningún mejor testigo habrá del espíritu de Gabriela Mistral que la joven escultora, en los pródigos y formadores años de la maestra en Los Andes. En su madurar en Punta Arenas, ciudad donde la Directora del Liceo, planta cuarenta árboles para enseñar que los frutos de sembrar son el placer de servir.

> *"Donde haya un árbol que plantar, plántalo tú. Donde haya un error que enmendar, enmiéndalo tú. Donde haya un esfuerzo que todos esquivan, hazlo tú. Sé tú el que aparta la piedra del camino... No caigas en el error de creer que sólo se hacen méritos con los grandes trabajos".*

Cerca de dos años permanecerá en las tierras de la Ultima Esperanza en doble y ardua tarea de armonizar el Liceo y construir identidad. La "larga noche de Magallanes" la cambiará por las torrenciales lluvias de Cautín, cuando le encargan la Dirección de otro convulsionado Liceo, el de Temuco, que con ella volverá a ser lugar del aprender. En esta ciudad, conocerá a un adolescente poeta, que empieza a firmar con el seudónimo de Pablo Neruda. La Directora del Liceo elogia sus versos e instruye al joven Neftalí Reyes en la literatura rusa, regalándole libros de Dostoievski, de Tolstoi, de Chejov. Era el encuentro casual de los futuros premios Nobel de la poesía chilena, que "formaron una amarra, una simbólica alianza: Geografía y alma de Chile, creciendo como un gran canto a dos voces" dirá años después, Laura Rodig, de la autora de **Tala** y el poeta de **Crepusculario.**

También nos develará Laura Rodig que cuando cumple treinta años Gabriela Mistral, en Punta Arenas, ella le regala cuarenta libretas que: "esa misma noche ... estaban tituladas: "Los ríos de Chile", "Los pájaros de Chile", "Las mariposas", "El folklore", "Yerbas medicinales", "Voces indígenas". Aquel 7 de abril de 1919, germinaba, tal vez, en el sur más austral, el **Poema de Chile**.

Desde su coincidir en el Liceo de Los Andes y hasta la forjadora experiencia mexicana, Gabriela Mistral y Laura Rodig serán inseparables compañeras; amistad que continuará en correspondencia y en los recuerdos construidos durante una década. El telegrama de Laura Rodig es el primero que recibe la poeta, cuando su obra y también su persona, son coronadas con el Premio Nobel de Literatura. Algunos meses después del universal triunfo, nos encontramos con una carta que revela el conocer profundo de Laura de su amiga y maestra de juventud:

"Gabriela, así como a usted la noticia la devolvió a su infancia, a su madre, al pedazo florido con que la esperó su padre y se le reflotaron hechos tal vez sumergidos en el acontecer de esos años, también a mí y seguramente a quienes hemos estado cerca de su vida, me resurgió como en un juego de agua iluminada, una vegetación alucinante de recuerdos de esa infancia suya de imágenes vividas a través de usted en entrañable apropiamiento. Como fatalmente caemos en nosotros mismos, el paso de mi adolescencia a mi juventud tuvo tal fuerza de evocación hacia esos días ligados al privilegio de su amistad. Su amistad que hacía retoñar todo en sustento. Como intuía yo, como sabía cuánto pasaba bajo la superficie de su rostro mientras trabajaba en sus poemas, poniendo fuego a su fuerza y fecundidad a su abundancia, templándolo todo con el don de la gracia! y cómo cuando el dolor le mostraba el camino de la sabiduría por el que se fue tan lejos. Tanto más que con los otros saberes... y cómo entre las mañanas puras y las noches profundas de ese repliegue de la montaña trascurría la trama de su existencia entre el instinto fiel de servir y el afán de dar a la vida un sentido de infinito! (3)

Pedro Aguirre Cerda

En el valle del Aconcagua se hallará nuestra maestra con Pedro Aguirre Cerda, profesor y abogado de militancia radical, futuro Ministro de Instrucción Pública, líder del Frente Popular y Presidente de Chile (1938-1941). Oriundo de Pocuro (cercano a Los Andes), Aguirre Cerda viene llegando de París, absorbido de la importancia que tiene la democratización de la enseñanza en el progreso de las naciones. Al político, cuya arenga de campaña y sello de su gobierno será "Gobernar es Educar" le impresiona esta mujer, humilde y altiva, maestra autodidacta e ilustrada y, además, poeta, que, sin estudios ni viajes, posee una inteligencia prodigiosa y un conocimiento intuitivo del mundo. Con ella comparte, más que literatura, dos materias esenciales en su dimensión política: la educación popular y la propiedad de la tierra. Sus largas conversaciones en Los Andes y Pocuro, que más tarde continúan en ininterrumpida correspondencia, nacen en el mutuo interés y admiración por Domingo Faustino Sarmiento, gran impulsor de la educación pública del siglo XIX, que había contribuido -en sus años de exilio en Chile- a la modernización de la enseñanza; quedando su huella en la Dirección de la primera Escuela Normal del país (1842) y en Ley de Educación Primaria de 1860. Sarmiento, había sido, en su juventud, maestro de la escuelita rural de Pocuro. Ello, más allá de la relevancia histórica, conmovió a la maestra al ver el abandono del lugar y propuso a su amigo levantar allí una escuela de oficios agrícolas.

Su amistad con el político, y su padrinazgo, le ayudó de gran modo en su carrera docente, quehacer diplomático y reconocimiento literario. Para argumentar, tres ejemplos: en 1918, recién nombrado Ministro de Justicia, Culto e Instrucción Pública, Aguirre Cerda la designa Directora del Liceo de Punta Arenas; en 1922 apoya su misión a México y, en 1939, desde la Presidencia de la República, impulsa su Candidatura al Premio Nobel de Literatura, como un proyecto de Estado, desplegando a Ministros e instruyendo a la diplomacia del país para lograr el cometido.

A Pedro Aguirre Cerda dedicará Gabriela Mistral su libro **Desolación:** *"a quien debo la hora de paz en que vivo"* y él devolverá el gesto, siete años después en su ensayo "El problema Agrario": *"Distinguida amiga: permítame dedicarle este trabajo que usted ha inspirado. Al hablar de Chile sobre la forma de levantarnos espiritual y económicamente, estuvimos conformes en que había que empezar la tarea por la clase agrícola, que tan abnegadamente de-*

sempeña la función matriz en el desenvolvimiento colectivo y fundar la escuela rural. (...) Para fundar el "Centro Agrícola Sarmiento" he escrito esta obra cuyo integro beneficio se dedicará al mismo fin. Acepte, mi buena amiga, este recuerdo como el esfuerzo primero que hago por realizar sus aspiraciones" (Pedro Aguirre Cerda, París, 1929).

Las Cartas

Gabriela Mistral fue una gran escribidora de cartas, prefería el lápiz grafito porque decía que la tinta le hería la vista y no dejaba espacios en blanco en las hojas que, con su letra generosa, muchas veces escribía por ambos lados y con notas verticales en las orillas. No las corregía tanto como a sus versos, pero como buena cultora de la epístola las releía antes de enviarlas. Diversos fueron los motivos y los destinatarios de su correspondencia, y muchas más la que recibía. No había misiva que ella dejara de responder, fueran éstas de sencillos maestros, bomberos de pueblo, amigas del Elqui. A veces, se le acumulaban y aunque se quejaba -como luego del Premio Nobel en que se encontró con más de setecientas cartas de felicitación- se daba el tiempo, así tardase bastante, de acusar cálidos recibos.

La escritura de cartas, hábito que inicia con regularidad en Los Andes, será oficio que se hará cotidiano al emigrar de Chile y que mantendrá de modo riguroso y también gozoso, a lo largo de su vida. Sus epístolas conforman tanto un diario de vida como uno de campo. Constituyen una suerte de vida social y son también parte de sus estrategias; una columna que vertebró sus afectos, sus oficios y sus viajes. Revelan sus gustos y cotidianeidades, su interés constante por el acontecer político de su patria y de su continente, la angustia que le origina su sustento económico, su sentido del humor y sus achaques, sus últimas lecturas, su generosidad amplía y las muchas peticiones que hace, con seducción única, para ella y también para otros.

Durante más de medio siglo, nuestra poeta se carteó con personalidades de la política, la intelectualidad y la cultura; con diplomáticos y presidentes de organizaciones de todo el orbe, con grandes y pequeños autores; con los amigos que como la andariega y *patiloca* que era, tenía dispersos por todo el planeta y con amistades que forjó por correspondencia, a cuyos destinatarios nunca conoció.

En los epistolarios con sus amistades de la política, el que mantiene con Pedro Aguirre Cerda nos ayuda a comprender sus decisiones, conocer el tránsito de su pensamiento y a ensamblar información biográfica de primera fuente, durante dos décadas. Será el joven Frei Montalva *"su caro Frei"* el corresponsal que irá tomando el lugar de Aguirre Cerda, una vez que lo conoce siendo ella cónsul en Madrid. Le encargará sus asuntos en Chile. Luego la amistad y confianza irá creciendo junto con la correspondencia.

En el epistolario con su compadre Radomiro Tomic, el cariño fluye a raudales, entre consejos de remedios caseros, la historia de la falange, conversaciones familiares y entremeses de la política chilena.

Otras interesantes cartas son las que tienen por contraparte al escritor y gran crítico de la literatura chilena Hernán Díaz Arrieta (Alone). En esta correspondencia son notables los párrafos que expresan la preocupación de la maestra por el triunfo de Carlos Ibáñez del Campo en

1951. Asunto que ella comparte con varios de sus amigos del continente. Entre ellos, Eduardo Santos, director del "Diario el Tiempo" de Bogotá, a quien mucho aprecia por haber sido su sostén económico cuando, precisamente el general Ibáñez, en su primer gobierno, la deja sin sueldo en Europa. Santos, a quien dedica sus "Himnos Americanos" en **Tala**, será presidente de Colombia simultáneamente a cuando Aguirre Cerda lo es en Chile. Su amigo de vida colombiano, es Germán Arciniegas, escritor que conoció en los años de la reforma mexicana, que llegará a visitarla en sus destinos por el mundo y la acompañará en sus últimos días en Nueva York.

Con el notable intelectual costarricense Joaquín García Monge, editor del icónico "Repertorio Americano", se conocerá antes de partir de Chile y será colaboradora, amiga y cómplice durante cuarenta años. Se cartea también con los ecuatorianos Gonzalo Zaldumbide *-su diplomático predilecto-* y con Benjamín Carrión, a quien no envió una carta, sino que un telegrama urgente, para que le quitara el apelativo de "Santa" al libro que publica sobre ella.

Con su gente mexicana, que conoce al arribar para trabajar en la Reforma y también en Europa, se multiplicaran los afectos y peticiones a través del correo. Con Jaime Torres Bodet su correspondencia revela el interés por los avances de la legislación infantil en los organismos internacionales. Con Alfonso Reyes, su candidato al Premio Nobel de Literatura, se funden en una cálida amistad de temas literarios y políticos. Con Palma Guillén la correspondencia prolongará el tiempo compartido y mantendrá el cariño hecho en México y Europa. Treinta años van y vienen las epístolas, con su compañera intelectual, la argentina Victoria Ocampo. Muy pocas, pero significativamente elquinas, intercambió con la también intelectual argentina, Marta Elena Samatan, quien será una de sus primeras y principales biógrafas. Su vida epistolar, en la generalidad, es causadora de buenas cosas, pero hay excepciones, como aquella carta que, al filtrarse de lo privado a lo público, le cuesta el consulado madrileño.

Eduardo Barrios, Pearl Buck, Doris Dana, Carlos Errazuriz, Andrés Iduarte, Eduardo Labarca, Matilde Ladrón de Guevara, Thomas Mann, Vinicius de Moraes, Juan Mujica, Giovanni Papini, Pedro Prado, Ezra Pound, David Rockefeller, Eleanor Roosevelt, Isauro Satelices, Arturo Torres Rioseco, José Vasconcelos, María Zambrano, entre muchísimos otros, se cuentan entre los corresponsales de Gabriela Mistral.

En esta torrencial correspondencia, en que preguntar por la salud es como hoy hacerlo por el clima, las únicas cartas expuestas y vibrantes de amor en lectura primera, -que no requieren análisis de metas o infra textos, ni disecciones e interpretaciones- son las que le escribe la maestra de Los Andes al poeta Manuel Magallanes Moure.

"Quizás tu mirada me conmueva más que abrazo; quizás me dé tu mirar la embriaguez que los demás arrancan de caricias más íntimas. ¡Niño mío! Yo no sé si mis manos han olvidado o no han sabido nunca acariciar; yo no sé si todo lo que te tengo aquí adentro se hará signo material cuando esté contigo, si te besaré hasta fatigarme la boca, como lo deseo, si te miraré hasta morirme de amor, como te miro".
Tuya, tuya, completa, inmensamente.
L

El romance epistolar con Manuel Magallanes Moure, que se mantiene por cerca de siete años, inicia en Los Andes y no concluye sino hasta 1922, cuando Gabriela Mistral se va a México y el poeta bien amado parte a Europa. Magallanes Moure, Presidente de la Asociación de Artistas y Escritores de Chile es el responsable del voto que inclina a su favor el veredicto de Los Juegos Florales. A la noche de premiación en el teatro de Santiago, se dice que asiste anónimamente la triunfante poeta, sólo para conocer de vista al destinatario de sus epístolas, a quien hacía un año había empezado a escribirle.

Las cartas de amor de Gabriela Mistral a Magallanes Moure que se publican en 1978, compiladas por Sergio Fernández Larraín, generan expectación desde que se anuncia el hallazgo del material y se anticipa el contenido en revistas y periódicos del país. Hasta entonces, las biografías que circulaban sobre Gabriela Mistral referían únicamente a su relación juvenil con Romelio Ureta, convertida en leyenda, por el suicidio del joven. Las "Cartas de amor" de Gabriela Mistral, originan una ola de comentarios que se mueven entre el desconcierto y un real jolgorio por el descubrimiento de un amor secreto entre los dos poetas. El libro incluye, además, cinco cartas que develarían un primer romance de Gabriela Mistral con un hacendado coquimbano, Alfredo Videla, en sus años de maestra en la Escuela de La Compañía. Después de esta primera compilación de Fernández Larraín, aparecerán nuevas cartas y se editarán algunas obras, con mayor número de epístolas y referencias.

Magallanes Moure muere a los 45 años, el 9 de febrero de 1924, el mismo año en que aparece en Madrid, el libro **Ternura** de Gabriela Mistral. Las cartas clandestinas, descubren a un nuevo inspirador de los poemas de **Desolación**. Real e intenso, como un protagonista mayor de una desbocada pasión, asoma el seductor poeta de la barba nazarena.

Las cartas las encuentra la hija de Magallanes Moure, escondidas en su casa, razón que podría explicar la asimetría de la correspondencia. Solo se rescatan y conocen cinco cartas de Magallanes Moure a Gabriela Mistral.

"Sé que beberé un sorbo de dicha que me hará olvidar todos los acíbares que vengo bebiendo hace tantos años. Sé que seré capaz en mi exaltación de hacerme una prolongación de ti: de tu fervor, de tu alma suave, de tu carne misma. Manuel, yo espero la dicha de ti. Yo espero vivir contigo un momento supremo que pueda yo revivir en el recuerdo por cien años más de vida, sacando de esa visión divinización, dicha, para todo el resto de camino. Manuel, no puedo amarte más. ¿No lo comprendes así? ¿Pides más aún?"
L

México y la reforma educacional

Mientras Gabriela Mistral hace patria en Punta Arenas, organizando el liceo y creando identidad magallánica y nacional, en un territorio con "superabundancia" de extranjeros, sus poemas y pensamiento, que habían empezado a tener presencia cuando ya adolescente publicaba en diarios de su provincia, en revistas del país desde sus años en Los Andes y a llegar a los maestros del continente en los libros del profesor Manuel Guzmán Maturana, siguen cruzando las fronteras y propagándose por América.

En 1919, en el primer número del *Repertorio Americano*, (en que Gabriela Mistral publicará versos y sus "Recados a América", durante más de treinta años), aparece su *"Oración de la Maestra"*, que se trasforma en un himno magisterial del continente.

> *"¡Señor! Tú que enseñaste, perdona que yo enseñe; que lleve el nombre de maestra, que Tú llevaste por la Tierra. (...) Pon en mi escuela democrática el resplandor que se cernía sobre tu corro de niños descalzos, (...) Hazme fuerte aun en mi desvalimiento de mujer, y de mujer pobre; hazme despreciadora de todo poder que no sea puro, de toda presión que no sea la de tu voluntad ardiente sobre mi vida. ¡Amigo, acompáñame!, ¡sostenme! (...) Mi corazón le sea más columna y mi buena voluntad más oro que las columnas y el oro de las escuelas ricas. (...)*

El prestigio de la maestra chilena, con apellido de viento y voz activa en la conquista de la instrucción primaria obligatoria, que conoce la realidad campesina y ha trabajado en el medio rural, motivan al filósofo y Ministro de Educación mexicano, José Vasconcelos, a solicitar a su gobierno que extienda una invitación oficial a Gabriela Mistral, para integrar la primera línea de intelectuales y artistas, convocados a participar en la Reforma Educacional Mexicana.

Escribía Gabriela Mistral en Punta Arenas en 1919: *"Es en las aldeas donde se siente más imperiosa la necesidad de la Instrucción Primaria obligatoria. La creación de escuelas en los más ínfimos lugares, impone un aumento en el Presupuesto sin dar los beneficios cuya obtención inspiró. Los padres de familia, en su mayoría rústicos, no quieren privarse durante unos pocos años del trabajo de sus hijos, ni convencerse de que la instrucción es tan necesaria a su ser moral e intelectual como la salud a su ser físico. De ahí que, a pesar del favor que se concede a la educación popular el número de analfabetos es enorme, lo cual hace poco honor al rango intelectual de un país. Los que sabemos de esta actitud hostil de la ignorancia y luchamos por vencerla, clamamos por la aprobación de ese proyecto de imponderable importancia, proyecto que sería un gran paso dado hacia la Instrucción y, por lo tanto, hacia el Progreso"* (Sobre la Ley de Instrucción Primaria Obligatoria).

El Ministro Vasconcelos ha leído, como medio México y gran parte de América, con admiración los versos que llegan de la maestra del sur, y una maestra que escribe versos para que los maestros enseñen, y que apoya fervientemente las demandas sociales; será una heroína en las tierras mexicanas y como tal será consagrada.

LA DECISIÓN DE PUBLICAR

Casi paralela a recibir la invitación del gobierno mexicano, le llega a Gabriela Mistral, una carta del Instituto Hispánico de Nueva York, en ese entonces Instituto de Las Españas. En la carta, su Director Federico de Onís, le propone publicar un volumen con sus poemas. Le comenta que sus composiciones han causado furor entre los estudiantes y profesores de castellano de la Universidad de Columbia.

La resonancia de Gabriela Mistral no ha pasado inadvertida en el negocio editorial de la época. Antes de aceptar el ofrecimiento del Instituto Hispánico, la poeta ha sido tentada a publicar su obra por varias Editoriales de América y Europa. Así se lo señala a Onís en una carta, una vez que acepta su propuesta:

> *"Le pido que usted coloque como Prólogo de la obra las cartas suya y mía que van en el legajo, a fin de justificar esta publicación, que siempre yo he rehusado. La editorial México, de ese país; la Cervantes, de Madrid; la América Latina, de Paris, la Atlántida, de la Argentina y dos de mi patria me la han solicitado. Sólo podía moverme a aceptar una cosa tan bella y tan noble como el ofrecimiento de ustedes, y sobre todo, la hora en que llegó, amarga para mí, como se cuenta en mi carta aludida". (4)*

SANTIAGO INGRATO

La Dirección del Liceo de Santiago, es la plaza más alta del escalafón de la educación secundaria chilena y, por lo mismo, un cargo muy apetecido. Gabriela Mistral venía, desde hacía meses, solicitando un traslado que la alejara del clima invernal del sur chileno, que se le había vuelto insoportable. La poeta siempre sentirá la necesidad del sol radiante y cálido de su infancia, en aquélla

> *"curiosa quebrada de Elqui, que Dios me dio para que, en la luz perfecta, yo adquiriera esta pasión del sol, con todo lo que le es añadida".*

En las decisiones de dónde vivir o a qué lugar viajar, cuando está en ella tomarlas, el clima del lugar es determinante:

> *"Yo he entendido como pocos la insistencia con que Niestche habla sobe el valor del clima para la vida. Cuando él descubrió la Riviera italiana, se sintió feliz de la sola tibieza, dichoso sin más razón que la de no tiritar".*

La maestra y directora llega a Santiago con más de dieciocho años de experiencia en la docencia y un sólido prestigio literario; sin embargo, sus colegas capitalinos consideran que su falta de título universitario, no la hace solvente para el cargo y conspiran en su contra. Gabriela Mistral, a quien difícilmente el *"dolor le apaga la rabia"* ante lo que siente injusto dirá: *"Yo, y otros conmigo, pensamos que un título es una 'comprobación de cultura'. Cuando esta comprobación se ha hecho de modo irredarguible, por dieciocho años de servicios y por una labor literaria, pequeña pero efectiva, se puede pedir, sin que pedir sea impudicia o abuso".* Cerrará sus descargos dejando claro que:

> *"He contribuido mucho a que en América no se siga creyendo que somos un país exclusivamente militar y*

minero, sino un país con sensibilidad, en el que existe el arte. Y el haber hecho esto por mi país, creo que no me hace digna de ser excluida de la vida en una ciudad culta".

Sus detractores no impiden que asuma como la Dirección el Liceo, al que de inmediato nombra "Teresa Prats Sarraeta" (destacada educadora y nieta de Andrés Bello). A las maestras les llama hermanas, a las alumnas les dice hijitas y las motiva a que trabajen *"alegres como los pajaritos en sus nidos"*. Crea una biblioteca a la que dona sus propios libros y abre el Liceo a la comunidad, invitando a escritores y artistas a dar charlas a sus niñas.

En tanto, los ataques más y menos velados de su gremio continúan y Gabriela Mistral distingue, urdiendo la trama, la mano incitadora de Amanda Labarca (5). La daga de su antagonista, más que asombrarla confirma sus sospechas. Ella tiene sus razones para estar convencida que la ilustre pedagoga y feminista, profesora de Estado y posgraduada en La Sorbonne, la *"quiere mal"* y la discrimina. No imagina Amanda Labarca que este último hostigamiento, será el tiro de gracia que conseguirá lo que no han logrado editores y sellos editoriales, durante años de reiterados intentos: convencer a Gabriela Mistral de publicar:

"No había aceptado hasta hoy ofrecimientos diversos de casas editoriales, por estimar que, en esta abundante producción poética de la América nuestra, el mismo exceso mata el éxito de todo libro de versos que no tenga condiciones extraordinarias para perdurar....
...Su carta llegó a mí en una hora harto amarga. Maestra no titulada, mi último ascenso provocó en mi país

una campaña, posiblemente justa, pero en todo caso innoble, de parte de algunos profesores. Este ascenso no significaba para mí sino la vuelta a la tierra solar, en que siempre he vivido, después de tres años de la vida más triste en la tierra fría. En la profunda depresión de ánimo en que me hallaba, recibí sus palabras, que me hicieron esperar y creer en el Bien: ellas eran la voz de muchos hombres buenos que no me conocían, cuya palabra era, por lo tanto, insospechable de adulación, sincero ímpetu de entusiasmo generoso...

...Van mis originales, y va con ellos la expresión de una gratitud mui sincera, muy honda, para Ud. y para esos maestros que hablan mi lengua y que, viviendo entre una raza que muchos llaman materialista, han reconocido alguna virtud purificadora en el canto de una lejana. Dígales Ud. que no como un homenaje, sino como una ternura, he aceptado su don. (6)

Mientras Gabriela Mistral se integra a las misiones rurales que alfabetizan, crean bibliotecas, levantan escuelas y hacen lecturas populares en los campos mexicanos; el Instituto Hispánico de la Universidad de Columbia, publica en Nueva York su libro inaugural **Desolación** (1922).

LA OBRA INAUGURAL

El título "Desolación" fragua el paisaje magallánico,

"sosiego mortal de la nieve y la tragedia inútil de los vientos... una patria doble y contradictoria de dulzura y de desolación",

con los desaires y ofensas que como tempestades la han malherido. Es el estado de ánimo de su espíritu, del que hace público testimonio, y promete vencer, en el "Voto" que lleva la obra.

El contenido del libro es una selección que la autora realiza de su material poético, escrito durante varios años, en gran parte conocido pero disperso, que editoriales y lectores aguardaban en un volumen. La obra nace madura, espléndida, destinada a maravillar y desconcertar. Una catarsis del verbo. Sucede así que, en un mismo tiempo, Gabriela Mistral se consagra como Maestra de América, al ser reconocida su noble faena en favor de la enseñanza del continente y se convierte en la nueva voz poética de Hispanoamérica con **Desolación**.

"Dios me perdone este libro amargo y los hombres que sienten la vida como dulzura me lo perdonen también. En estos cien poemas queda sangrando un pasado doloroso en el cual la canción se ensangrentó para aliviarme. Lo dejo tras de mí como a la hondonada sombría y por laderas más clementes subo hacia las mesetas espirituales donde una ancha luz caerá sobre mis días. Yo cantaré desde ellas las palabras de la esperanza, cantaré, como lo quiso un misericordioso, para consolar a los hombres. A los treinta años, cuando escribí el Decálogo del artista, dije este voto. Dios y la vida me dejen cumplirlo ("Voto", ***Desolación****, 1922)*

"La profesión del olvido"

"Mi padre era muy "aindiado" ...tenía unos bigotes de Gengis Kan caídos, nunca se puso sombrero y vivía un verdadero delirio ambulatorio que... la hija ha heredado, parece".

Viajar fue estigma y cartografía en la vida de Gabriela Mistral. Mucho antes de atravesar los límites de su país, anduvo por él de mudanza en mudanza. A los catorce años en adelantada adultez, deja el Valle del Elqui e ingresa al mundo del trabajo en una escuela de La Serena. Es su tránsito desde el campo querido a lo urbano nunca muy apreciado. La Compañía, donde llega a vivir y enseñar, no será su único domicilio, la joven maestra cambiará de escuela, de casa y de ciudad varias veces, hasta 1910. En ese año, en que la Escuela Normal de Santiago la acredita para enseñar en liceos, marca el fin del rodaje por su provincia y da inició a su peregrinar patrio. Irá a la frontera norte del desierto de Atacama (Antofagasta) y a la ciudad de nieve más allá del extremo sur (Punta Arenas). Liviana de equipaje, enseñará en Barrancas, Traiguén, Temuco y Santiago, teniendo únicamente su ajetreo, un descanso en el Valle de Aconcagua, cuando es, durante siete años, maestra en Los Andes.

Antes de su andar por el mundo, la maestra es una curtida viajera, que ha habitado los paisajes y sentido los climas de la *"loca geografía"* chilena. Su errancia, será la del viajero místico que ella misma retrata:

"un sembrador" que *"no se fatiga porque sigue hin-cándose en la experiencia como en un fruto que tuviese capa a capa sabores diferentes. El místico del viaje ha tomado la tierra por cielo. Entiende en calidades del aire, hace jerarquías de paisajes con la tierra de llanura, la de montaña y la de colinas; ha aprendido a atisbar semblantes y tiene no sé qué goce de bibliófilo".*

MÉXICO

En el puerto de Valparaíso, el 23 de junio de 1922, aborda Gabriela Mistral el vapor Orcoma y parte a México en compañía de Laura Rodig. La maestra chilena ha sido invitada a colaborar, como figura principal, a la que será la mayor Reforma Educativa del siglo XX americano. Laura Rodig forma parte del gran equipo de artistas convocados a la cruzada cultural.

A su llegada, la reciben el escritor Jaime Torres Bodet, quien posteriormente sería Director General de la UNESCO y, por expresa petición del Ministro Vasconcelos, la académica Palma Guillen: "Palmita, va a llegar Gabriela Mistral. Viene a trabajar con nosotros. Yo quiero que conozca bien a México... Ella tiene muy buenas ideas sobre la educación. Es una mujer de la provincia, casi del campo, y sabe lo que necesita la gente del campo. Es una gran maestra y una gran poetisa. Yo quiero que Gabriela lo vea todo, que nos dé su opinión y que nos ayude con su experiencia y con su intuición. Es una mujer genial, admirable" (7).

Vale recordar que la Reforma Educacional mexicana, es necesario complemento y digno corolario de la anterior Reforma Agraria y que su objetivo es que los campesinos, en su gran mayoría indígenas, tengan conciencia de los derechos que han adquirido. Para tal logro, la tarea es democratizar la educación y extender la cultura en todo el territorio. Es la razón por la que el Presidente mexicano Álvaro Obregón, que entiende que la revolución educativa garantizará la estabilidad política del país, da carta blanca a su Ministro de Educación para sumar a la gesta, además de maestros, estudiantes y académicos universitarios y cultores de las artes mexicanas, a figuras destellantes de otras latitudes como Gabriela Mistral.

La maestra chilena, sin haber salido nunca de su país, ha recorrido el continente entero en la lectura de los grandes autores. A los mismos maestros con quienes compartió su "Oración de la Maestra", unos meses antes de partir a México les dirá: "

Maestro: enseña en tu clase el sueño de Bolívar, el vidente primero. Clávalo en el alma de tus discípulos con agudo garfio de convencimiento. Divulga la América, su Bello, su Sarmiento, su Lastarria, su Martí. No seas un ebrio de Europa, un embriagado de lo lejano, por lejano extraño, y además caduco, de hermosa caduquez fatal. Describe tu América. Haz amar la luminosa meseta mexicana, la verde estepa de Venezuela, la negra selva austral. Dilo todo de tu América; di cómo se canta en la pampa argentina, cómo se arranca la perla en el Caribe, cómo se puebla de blancos la Patagonia. ¡América, América! ¡Todo por ella; porque nos vendrá de ella desdicha o bien! (El Grito, abril de 1922).

Absorbida del espíritu y de la dimensión social de la Reforma, Gabriela Mistral junto a su notable contribución autoral -de su antología **Lecturas para Mujeres** se imprimen veinte mil ejemplares- decide integrarse a los maestros misioneros: *"He decidido ayudar al ministro Vasconcelos en la organización de escuelas de indígenas, a raíz de un congreso de maestros misioneros que me tocó presidir y cuya labor me interesó profundamente"*.

Los verdes valles y los testimonios arquitectónicos de las culturas Azteca y Maya y la herencia viva en sus herederos a los que sirve y enseña, maravillan a nuestra maestra. Repartir la enseñanza entre aquellos en que se ha hecho la justicia del reparto de la tierra, era la dicha misma. En México, la maestra establecerá una relación vital con *"las indiadas"*, como nombra cariñosamente a los pueblos originarios del continente. Adoradores del sol, al igual que ella, vivían en armonía con una biodiversidad única, hasta que fueron desplazados por hombres a caballo en cruel y evangelizadora conquista. Su trabajo en México sedimentara su inmensa veta indigenista, indisoluble de su identidad y pensamiento campesino.

El tiempo mexicano es también fundamental para Laura Rodig, que se relaciona con exponentes máximos del muralismo latinoamericano, Rivera, Siqueiros, Orozco y se suma a los artistas que se toman el espacio público para visibilizar el valor la cultura popular y transmitir mensajes de reivindicación social.

La errancia definitiva

Cientos de niños mexicanos coreando sus rondas, le dicen adiós cuando aborda el vapor Patric con destino a Estados Unidos, en 1924. Coronada ya de fama, Gabriela Mistral es invitada por la Universidad de Columbia a ofrecer una conferencia sobre **Desolación** en Nueva York. Luego va a Washington, donde pronuncia su primer discurso en la Unión Panamericana. Embebida de vientos de cambio, dirá:

> *"Porque yo no soy una artista, lo que soy es una mujer en la que existe, viva, el ansia de fundir en mi raza, como se ha fundido dentro de mí, la religiosidad con un anhelo lacerante de justicia social. Yo no tengo por mi pequeña obra literaria a que habéis aludido, el interés quemante que me mueve por la suerte del pueblo. No hay en mí ansia de reivindicaciones populares, de aproximación a la política. Hay en ello el corazón justiciero de la maestra que ha educado a los niños pobres y conocido la miseria obrera y campesina de nuestros países".*

Navegando por primera vez el Atlántico, llega a Europa y conoce algunos países. Se encanta de Italia y se la camina entera; conoce allí a Giovanni Pappini y es su primer encuentro imaginario y místico con San Francisco en su pueblo de Asís. En Suiza se entrevista con Romain Rolland; recorre Francia y en España, va a Castilla, y deja en Madrid la huella preciosa de esta gira, su libro **Ternura,** poemario de versos de niños, escritos para grandes, ilustrado con treinta grabados, que publica la Editorial Saturnino Callejas (1924).

La escuela granja

Al año siguiente la maestra, que está de regreso en su país y en su provincia, compra una propiedad rural, muy cercana al mar, en la ciudad de La Serena. Viene ella, con la idea fundar una escuela de oficios agrícolas: *"La escuela que soñó León Tolstoi y que ha hecho Tagore en la India: la racional escuela primaria agrícola, que debiera formar el ochenta por ciento de los colegios en nuestros países, sueño mío ella desde hace quince años".*

Un modelo paradigmático en el que ve materializado su pensamiento educativo, social y agrario, lo encuentra en la Escuela Granja mexicana. En ella se conjugan, el derecho a la propiedad de tierra, que da el sustento; el oficio, que es la herramienta para mantenerla fértil; la enseñanza, que eleva el pensamiento y otorga dignidad; todo en mitad de la naturaleza (dimensión donde mejor cabe la espiritualidad) y al centro una Escuela, con metodología del aprender haciendo, a la que asisten sanos, por bien alimentados y amados, niños, que:

"serán hombres de la tierra, sensatos, sobrios y serenos por el contacto con aquélla que es la perenne verdad. Harán una democracia menos convulsionada y menos discurseadora que la que nos ha nacido en América Latina, porque la pequeña propiedad aplaca rebeldías, da dignidad a la vida humana y hace el corazón del hombre propicio a las maravillas del espíritu (...) La pequeña república agraria ... les irá revelando el régimen económico y los caminos por donde se busca prosperidad de un país: No tendrán el odio de la riqueza, que sólo

cuaja cuando el hombre no tiene nada que defender ni amar bajo el sol porque sea suyo".

Más que su título de Maestra de América y la gloria literaria de **Desolación**, a Gabriela Mistral le interesaba aupar a su gente campesina, tener tiempo para lecturas y acompañar a su madre en ya declarada vejez. En este regreso de 1925, ella considera domiciliarse en su provincia, dedicarse a sus versos y sus huertas. Sin embargo, designada representante del país, en una secretaria del Instituto de Cooperación Intelectual, partirá a Europa nuevamente. La acompaña Palma Guillén, contratada a petición expresa de la poeta, por el mismo organismo.

"Me lanzaron y como tengo un fondo de vagabundaje paterno, me eché a rodar y no he parado más."

En sus primeros años en el viejo continente, participa en varios Congresos: el de Educación, en Locarno; de Federaciones Universitarias, en Madrid; de la Infancia, en Ginebra. El instituto de Cooperación Intelectual, es creado por la Sociedad de Las Naciones para contrarrestar la emergencia del nacionalismo, desatado en la primera guerra mundial, y establecer relaciones culturales y científicas entre América y Europa. En este ambiente, la inteligencia y personalidad de Gabriela Mistral se hacen notar ante la aristocracia intelectual europea, presidida en aquel entonces por Paul Valéry. La aplicada maestra, se relaciona con Henri Bergson, Madame Curie, George Duhamety, Francois Mauriac, Paul Rivet y otras figuras del momento. Y, en la diáspora de latinos que en labores de la diplomacia o como tierra exilio, transitan por el

Viejo Mundo, hallará a varios buenos amigos y se reencontrará con otros. Largos serán sus afectos con Gonzalo Zaldumbide, Jorge Carrera Andrade, Teresa de la Parra, Alfonso Reyes, Ventura García Calderón, Andrés Iduarte y más autores, con quienes comparte literatura y conciencia americana.

SIN SUELDO EN EUROPA

El 7 Julio de 1929, a los 84 años, fallece en La Serena, Petronila Alcayaga, su madre:

> *"Ella se me volvió una larga y sombría posada; se me hizo un país en que viví cinco o siete años, país amado a causa de la muerta, odioso a causa de la volteadura de mi alma en una larga crisis religiosa. No son ni buenos ni bellos los llamados "frutos del dolor" y a nadie se los deseo. De regreso de esta vida en la más prieta tiniebla, vuelvo a decir, como al final de Desolación, la alabanza de la alegría.*
> (Muerte de mi madre, *Tala*, 1938)

Un tiempo antes de la partida de la suya, la maestra errante se convierte providencialmente en madre. Ocurre el acontecimiento cuando recibe, de manos de su medio hermano, Carlos Godoy Vallejo, a un pequeño de nombre Juan Miguel, que apenas ronda el año de edad. El niño es huérfano de madre, y el padre, que no se siente capaz de criarlo solo, ubica a Gabriela Mistral (su media hermana Lucila Godoy) y le pide que se haga cargo de la criatura.

Ella acepta con la condición expresa de que él nunca regrese a saber del hijo. Así es como en el pequeño pueblo de Fontainebleau, cerca de París, a la poeta que canta a la infancia, le llega la alegría de tener un niño. Yin Yin ("voz espiritual de oriente"), como le dice cariñosamente a Juan Miguel, crecerá arropado con su ternura y, mientras residen en Europa, también con los cuidados de Palma Guillen que le ayuda en la crianza.

Delegada por la Sociedad de Las Naciones, Gabriela Mistral participa en Roma en el Instituto Internacional de Cinematografía Educativa, cuando el gobierno del general Carlos Ibañez del Campo le suspende el pago de su jubilación, que es base de su sustento. Al enterarse de que se ha quedado sin sueldo en Italia, Eduardo Santos, a la fecha director del "Diario El Tiempo" de Bogotá, le pagará el equivalente por sus artículos, los envíe o no; una noble amiga le presta una casa para que viva en Liguria. La maestra nuevamente tendrá que ejercer e irá a Nueva York a impartir clases en el Barnard College. Sumará nuevas corresponsalías a las que ya tiene. Sus "Estampas", "Motivos", "Crónicas de Viajes" y "Recados" se multiplicarán en las tribunas de medios de prensa americanos y europeos. No tendrá tiempo de componer versos, pues se le va de las manos escribiendo en tantas "gacetillas," conferenciado y viajando para proveer el hogar, no solo el suyo y de Yin Yin, también el de su hermana Emelina, y otros parientes que sostiene en Chile.

Visitará Centroamérica y las Antillas. Será recibida con júbilo en Costa Rica y Panamá, en Cuba, El Salvador y Santo Domingo. Se le harán pequeñas las islas y se desvanecerán los paisajes, cuando los observa alejarse al volar en un aeroplano; promete no subirse nunca más a un aparato del aire, ella es andariega de la tierra y navegadora del mar. En Guatemala recibirá su primer Doctorado Honoris Causa (noviembre de 1931), el que retribuye con la magnífica Conferencia "La Unidad de la Cultura", en la que expone su ideal de Universidad a los jóvenes profesionales:

> *"Suceso alguno espiritual acontecería en el territorio que no lo asistiera ella (la Universidad) con su gran presencia; obra literaria maestra, invento industrial, sistema económico de investigación histórica alguna, aparecería en el país sin que ella se diese cuenta y tomase posesión de esas excelencias, ya sea con carácter de autor, si el creador se nutrió de ella, o de ayudadora si el inventor vive fuera de su seno y, a lo menos, de honradora, si, desgraciadamente, ella fuera ajena a ese trabajo victorioso. Una sensibilidad de sismógrafo, un ojo sin pestañeo, de búho mitológico, haría de ella (de la Universidad) la pulsadora más delicada de la entraña nacional y la espectadora más conmovida del acontecimiento intelectual; una conciencia riquísima de ceiba de cien brazos, capitana del horizonte, la haría respondedora de las más diferentes actividades, y cierta universalidad de Iglesia -que eso es de hecho- la obligaría hacia todas las clases por iguales partes y hacia los obreros realizadores de las cosas. Porque ella (la Universidad) sería de veras eso que sólo ha sido en la metáfora; el taller donde cada hombre de manos validas tiene su ficha, su cédula y su asiento".*

La vida diplomática, el hecho cotidiano

Con uno de los sueldos más bajos del escalafón diplomático, Gabriela Mistral ingresa al Ministerio de Relaciones Exteriores y se convierte, en 1932, en la primera mujer chilena en ocupar un cargo consular. Destinada a Génova, su clara posición antifascista hace que el gobierno de Mussolini no la acredite para ejercer. Partirá entonces a la península ibérica siendo cónsul en Madrid y, luego de ser nombrada Cónsul de libre elección en 1935, se traslada a Lisboa y Oporto. Por último, se radicará en Niza, hasta que la escalada de violencia de la segunda guerra mundial la obliga a abandonar Europa. Escogerá como su nuevo destino a Petrópolis, la ciudad de los jardines y la primavera en Brasil. Sus ocupaciones diplomáticas, continuarán luego de recibir el Premio Nobel, en California, Veracruz, Rapallo y Nueva York.

La vida consular de nuestra poeta es lo más lejana al sellar de documentos e ir de coctel en coctel, y no es holgada en comodidad ni en reposo. Gabriela Mistral no será *"una ebria de Europa"* sino que la Embajadora *"de la poco y mal conocida"* cultura de su continente.

Narrará el paisaje inédito de su país y el de todos los pueblos que atraviesa la cordillera de Los Andes, describirá las islas que son países en las Antillas, y a los que se levantan desde el istmo de Panamá hasta México. Dará a conocer a sus autores, su historia ancestral, sus héroes y maestros, sus artistas, sus oficios, su poesía. Pondrá en relieve las venas abiertas de la injusticia. Defenderá los principios de la democracia y la libre determinación de los

pueblos; el derecho a la tierra y a la educación que digni-
fica. Su voz, que es para quienes no la tienen, no sabrá de
límites geográficos, de género, de raza, ni de edad. Su con-
dena a la guerra, su auxilio a los perseguidos, su trabajo
por los derechos humanos, su clamor por la justicia y la
paz, la entregará con fervor y dimensión universal.

Contando recados o haciendo versos, buscará las
amalgamas del idioma desde donde se vuelve americano.
Sus arcaísmos y neologismos, su *"español sumergido en el
siglo XVI"* sus coloquialismos y elquinismos, las toponi-
mias indígenas, son la geografía e historia de un pensamiento americanista en un hablar original. La poesía es el
primer mundo de una poeta terrenal y caminante, de una
intelectual al día con el acontecer de su tiempo, que tiene
el don de actualizar el porvenir.

Nuestra cónsul es una conversadora insaciable y
una empedernida fumadora, que no pasa nunca inadvertida. Escucharla en confianza, en ambiente de amistad,
testimoniaron sus interlocutores, producía una suerte de
"maravillamiento"; su voz tenía recovecos elquinos y su
hablar era síntesis de lo americano. Prodiga de anécdo-
tas y jugarretas, de hacer bromas e inventar apodos. De
enseñanzas cálidas, risa llana y consejos de huertas. Sus
oyentes la convertían en monologista, interrumpirla significaba restarle tiempo a oírla.

"El embrujo de Gabriela era tradicional", cuenta el
escritor Germán Arciniegas: "Victoria Ocampo me decía
que en su casa de Mar del Plata, cuando Gabriela llegaba, se formaba una tertulia que agolpaba toda la gente en
torno suyo. Fumaban y fumaban hasta hacer el aire casi
irrespirable. Esa es la toldería de Gabriela, decía Victoria.
Y de ahí salía a escribir esa poesía de rondas de niños con

un mar claro de fondo. Llevaba dentro su claridad". (8)

Su presencia puebla los lugares, un metro setenta y cinco no era poca altura; su estilo, su sencillez, se hace notar en la ausencia de joyas, maquillaje y de sombrero. *"Gasto en viajes, lo que no gasto en trapos"* dirá, sobre sus vestidos simples; ella como Einstein, para no complicase, lucía siempre un mismo atuendo y no llevaba sombrero porque *"sería como ponerle sombrero a la cordillera de Los Andes"* contará Pablo Neruda, que le dijo la entonces Directora del Liceo de Temuco, sobre el particular.

Moderna y librepensadora, provinciana ilustrada de Biblia, renegará más de una vez del catolicismo *"enturbiado por la teología y empequeñecido por un culto que ha hecho de él un paganismo sin belleza"*; pero nunca acabará su pasión por el Antiguo Testamento, manifestada torrencialmente en sus versos. Esencialmente religiosa, siempre buscará dónde y cómo vivir su espiritualidad. Abrazará durante casi una década el budismo, lo hindú no se librará de su mirada. Andará por escuelas teosóficas. A su amigo, Gonzalo Zaldumbide, le confiesa en carta de 1933:

"Yo fui, de los veinte a treinta y tantos años budista, a escondidas de las gentes, como se esconden llagas escondí mi creencia, porque era maestra fiscal y porque presentía -hoy lo sé- que es una tragedia ser eso en medio de una raza católica, aunque sea o porque es, católico-idolátrica. Nunca dejó de obrar sobre mí, sin embargo, la fascinación de Jesucristo, y ambas cosas, cristianismo y budismo, se me acomodaron en el alma y la vida". (9)

Se hará hermana de San Francisco de Asís, a quien

le escribirá sus conmovedores "Motivos". Tendrá encuentros imaginarios con Teresa de Ávila en Castilla, reproducidos en textos donde se desgrana la belleza. Dirá que es cristiana y no católica, y que es cristiana a su manera. Le rezará a Cristo y morirá abrazada a su crucifijo.

La aventura del Nobel

"Me conmovió leer en su carta que Ud. pensaba escribir una biografía poética de su amiga desconocida. En verdad el poeta tiene esa biografía hecha de puros trances internos, que son verdaderos sucesos, de miserias que son también las íntimas y de glorias invisibles que nada tienen que hacer con sus condecoraciones y sus ateneos.
Dije en una conversación a un amigo querido que esperaba yo leer esa biografía y tenerla como la única amada. Y este amigo, que es el Ministro de Chile en Suecia, me escribe preguntándome si puedo obtenerla y mandársela. Mi Gobierno ha hecho, sin consultarme para nada la presentación de mi candidatura al Premio Nobel a través de la Facultad de Filosofía de nuestra Universidad. Yo estoy en una situación un poco delicada con el Presidente: he rehusado dos cargos diplomáticos que me ha ofrecido y él está algo resentido conmigo. No puedo pues, desautorizar esa presentación ordenada por el Presidente. Nuestro Ministro en Suecia, D. Carlos Errázuriz hace ese trabajo –perfectamente inútil- en Estocolmo. El llevara a la Academia dos biografías chilenas que no tienen para mí ningún interés

*espiritual. Si Ud. hubiese hecho ese trabajo, aunque él
no pasase de primera página, sería lo único que yo le
enviase con cariño y alegría: con gozo. Dígame Ud. dos
palabras sobre el particular".*
(Gabriela Mistral, Niza, 24 de enero de 1940). (10)

La *aventura del nobel*, como suele llamar la poeta chilena -con humor, a veces socarrón- a su candidatura al Premio, se concreta cuando la Universidad de Chile presenta oficialmente su postulación a la Academia Sueca, a fines de 1939. La idea es mérito e inspiración de la intelectual ecuatoriana Adelaida Velasco-Galdós, su amiga y anfitriona en las semanas que estuvo en Guayaquil, en el marco de la gira cultural que realizó visitando varios países americanos.

*"Digan lo que quieran de la falta de unidad de nuestra
América, este viaje y estos viajes míos pasando de un
país al siguiente como de un barrio al otro barrio y llegando a ellos como a mi casa (estando tan lejos la casa
mía) no me dejan convencerme nunca de la extranjería
que me cuentan empecinados; este poder llegar a vein-
tiún países con el mismo "buenos días" y el mismo gesto
de conciudadanía natural que me aceptan sin petición
expresa",*

había expresado la poeta, en su "Recado a Las Antillas", en anterior viaje al continente en 1931.

Por Brasil, Uruguay, Argentina, Chile, Ecuador, Perú, Cuba y Estados Unidos, anduvo Gabriela Mistral, desde finales de 1937 y hasta entrado el '39, recogiendo homenajes y sembrando su mensaje de cultura y unidad de los pueblos. Traía, además, su obra **Tala**, inspirada en el paisaje de cordillera y espíritu de sol del continente. Publicado en Buenos Aires, (Editorial Sur, 1938) el libro dedicado al pueblo mexicano -y ofrendado a los niños huérfanos de la guerra civil española- no fue acogido por la crítica con el desbordado frenesí ni el elogio cerrado, con que dieciséis años atrás, aclamó a **Desolación.**

A la candidatura de Gabriela Mistral al Premio Nobel, se van sumando las Academias de Letras del continente, incluyendo la brasileña y también la española. Destacados autores e intelectuales, amigos todos, la apoyan y también una prensa eufórica, la respalda. Ella ha escrito más de dos décadas sobre cada suceso esencial de América, en valor si contiene mérito o elevando su protesta frontal si lo entiende injusto. Los corresponsales, que aún no se reponen de los apoteósicos recibimientos, que han cubierto y registrado de la embajada cultural de la poeta chilena, seguirán lealmente su nominación.

La escalada del fascismo europeo de la segunda guerra mundial, obliga a Gabriela Mistral a huir de Europa y en 1940 llega con Juan Miguel, su Yin Yin, a Brasil. Su nuevo domicilio estaría en Petropolis, la ciudad de los bellos jardines, cercana a Rio de Janeiro. El adolescente, acostumbrado al sofisticado ambiente europeo en que ha crecido, no resiste el trance del desarraigo, a lo que se suma la ausencia de Palma Guillén. Lentamente se le desata una crisis que, con el pasar del tiempo, se complejiza. Su madre, -a quien Juan Miguel le dice "Buda", porque solía verla en una misma posición leyendo durante horas- lo encuentra una noche agonizante. Envuelto en los espasmos y el atarantamiento que provoca el arsénico. Tenía diecisiete años. Los médicos no logran salvarlo. El 14 de agosto de 1943, en Petropolis, la vida se le enluta a Gabriela Mistral.

El 19 de noviembre de 1945, desde Rio de Janeiro, Gabriela Mistral franquea un telegrama a Andrés Oesterling, Presidente de la Academia Sueca, en que le comunica que va camino a Estocolmo. *"Profundamente honrada agradezco a la Academia. Feliz voy a vuestra patria que se siempre admiré y quise. Vuestra devota admiradora"*. El embajador de Suecia en Brasil le ha confirmado a la poeta chilena, la noticia que antes escucha en la radio y lee en un telegrama, ella es la ganadora del primer Nobel de Literatura que distingue a Latinoamérica, la quinta autora en recibirlo y la única de lengua castellana. *"El nuevo mundo ha sido honrado en mi persona. Por lo tanto, mi victoria no es mía, sino de América"* le dice Gabriela Mistral a la agencia Reuter, antes de abordar la motonave Ecuador, hacía el puerto sueco de Gutemburgo.

La veremos enfundada en un elegante vestido de terciopelo negro, distinguida, con su aristocracia india y su nobleza vasca, frente del rey Gustavo V de Suecia. "Señora Gabriela Mistral, habéis hecho un viaje muy largo..." dice el académico Hjalmar Gullberg, la tarde en que el Palacio de la Filarmónica de Estocolmo reabrió sus puertas y la Academia Sueca reanuda la ceremonia de entrega los Premios Nobel, apenas unos meses después de finalizada la Segunda Guerra Mundial.

"Por su poesía lírica, inspirada por poderosas emociones, que han hecho de su nombre un símbolo de las aspiraciones idealistas de todo el mundo latinoamericano" recibe Gabriela Mistral el Premio Nobel de Literatura, el 10 de diciembre de 1945.

Asistiendo a compromisos y concediendo entrevistas permaneció varias semanas en Suecia. Visitó la tumba de la escritora Selma Lagerlöf, primera mujer en la escasa lista de los Premios Nobel de Literatura (1903). Después estuvo en Roma, donde pidió al Papa Pio XII rezar por los indios americanos. Visitó Florencia, siguió a París y Londres y nuevamente atravesó el Atlántico a cumplir funciones como Cónsul en California, fijando residencia en Santa Bárbara. Antes de abandonar Suecia, preguntó: *"¿Nunca sale el sol en Estocolmo?"*

Europa es un continente aturdido, que apenas se está levantando entre las cenizas de la destrucción material y moral de la Segunda Guerra Mundial. La explosión atómica sobre Hiroshima y Nagasaki es imagen reciente. El hombre ha sido feroz enemigo de sí mismo, vil genocida. Ardua asoma, en los inicios de la paz, la tarea de reconstrucción de la ética y dignidad humana en el Viejo Mundo.

Mirar hacia la autora de **Tala** y sentir *"la calma cósmica que envuelve a la tierra de Sudamérica"* era el horizonte posible donde recuperar *"en el huerto de la infancia, de nuevo los íntimos diálogos con la naturaleza y las cosas"*. Gabriela Mistral *"en una mezcla curiosa de himno sagrado y de ingenua canción para niños"* anunciaba en estos poemas *"sobre el pan y el vino, la sal, el maíz"* un agua transparente *"que puede entregarse de diversas maneras al hombre conturbado"*. Cantaban en **Tala** *"los alimentos primordiales de la vida humana"*, canto americano que necesitaba aprender Europa. (11)

Con **Desolación** y la añadidura mágica de **Tala,** Gabriela Mistral habría conquistado el Nobel, de no mediar la Segunda Guerra mundial, con bastante seguridad en 1940.

Con rigurosidad de informe escribe Carlos Errazuriz, Cónsul General de Chile, señala: "Cuando fui llamado al Ministerio a fines del año 1940 a hacerme cargo por segunda vez del Departamento Consular, ya el criterio de la Academia Sueca estaba formado, pero como durante los años de guerra se suspendió el otorgamiento del Premio Nobel, fue imposible obtenerlo antes de esta fecha, circunstancia por lo demás que permitió continuar mis relaciones con la Academia Sueca y llevar a su conocimiento la labor posterior de Gabriela Mistral, especialmente sus prosas que son de un valor inestimable. (12)

"Lo primero, la tierra"

Desde su fallido intento de radicarse una temporada en Chile a su regreso de México y primer asomo por Estados Unidos y Europa, Gabriela Mistral solo vuelve brevemente en dos ocasiones. Como ilustre visita pasa en 1938, año en que aparece **Tala**, e invitada de honor en 1954, fecha de publicación de su libro **Lagar**, última contribución que hace en vida a la poesía y la única de sus obras editada originalmente en su país.

Este último viaje que realiza la maestra nobel desde su *destierro que parece enteramente voluntario, pero que no lo es* a su tierra, ocurre tras dieciséis largos años de ausencia. No había venido luego de obtener el Premio Nobel, aunque lo agradeció en primera línea en la dignidad de *Hija de la democracia chilena*. Tampoco acudió a recibir el tardío Premio Nacional de Literatura, que le fue otorgado en 1951 y cuyo importe, cien mil pesos de la época, destinó a los niños desamparados del Elqui. Pensaba Gabriela Mistral que nuevamente Amanda Labarca conspiraba veladamente en su contra: *"Hay una señora, doña Amanda, que se opondrá siempre a que me den tal premio* (Premio Nacional de Literatura) *y como estoy alejada usará sus influencias políticas"*, le dirá a la escritora Matilde Ladrón de Guevara. No era, por cierto, el desaire del postergado Premio Nacional, el primero que se le hacía a la obra de la poeta. En 1935 su nombre quedó fuera de la *Antología de la Poesía Chilena Nueva*, realizada por Eduardo Anguita y Volodia Teitelboim, -en la que ambos se auto-antologaron- publicada por la prestigiosa Editorial Zig-Zag. Gabriela Mistral no era fácil de convencer, había un verbo que ella no conjugaba: *"yo no sé olvidar y el que no carga una esponja borradora acaba en llaga, para mi mal yo soy de estos memoriosos"*.

En estos mismos años de sus negativas, y desde varios antes, la poeta trabajaba en un extenso poema narrativo que "verso a verso" dibuja la extensión del paisaje chileno; escribía en octosílabos con su corregir de rigor, compraba libros de botánica y geografía, encargaba otros; consultaba, por correspondencia, a sus amistades chilenas sobre nombres de hierbas, riachuelos y bestiecillas. Lo había dicho en su conferencia "Breve Descripción de Chile":

"En geografía como en amor, el que no ama minuciosamente, virtud a virtud y facción a facción, el atolondrado que suele ser un vanidosillo, que mira conjuntos kilométricos y no conoce y saborea detalles, ni ve, ni entiende, ni ama tampoco".
(Málaga, 1934).

La poética seducción que le avivaba la naturaleza

chilena y la pertenencia vertical a su pueblo campesino, al que nombra *"campesinería"*, y al obrero del que se declaraba una más, nada pudo mancillarla. La línea divisoria entre el Chile oficial y la patria real, era una traza de titanio que había establecido la maestra desde muy joven, frente a los inaugurales desprecios vividos.

Su impresión de ese país oficial se la comenta a Pedro Aguirre Cerda, provista de la dimensión de su primer andar por el mundo:

"Vi una mafia pedagógica de gente inepta, sin una luz de creación, queriendo dominarlo todo, y me parecieron más puros los pobres bolcheviques de la Asociación de profesores. Vi la misma esclavitud rural, y lo que parece cuento, anoté que no hay un solo partido que tenga en su programa la cuestión agraria como cosa importante, en un país de latifundio medieval y fantástico. Vi un fenómeno de relumbrón que no sabe adónde va. Vi una clase media enloquecida de lujo y de ansia de goce, que será la perdición de Chile, un medio-pelo que quiere automóvil y tées en los restaurantes de lujo, transformado en café cantante por la impudicia del vestido y de la manera que la mujer de esa clase es la mía, ha adoptado de un golpe. Y para qué fatigarlo. Tantas cosas más. Aquel día en que oyó usted tal vez expresiones violentas que le dieron mal juicio de mí, era uno de esos en que se hace síntesis y mi síntesis era la que le di. Tarde o temprano usted será presidente de Chile".
(Carta a Pedro Aguirre Cerda, Fontainebleau, 28 de diciembre de 1926).

Había también, en su resistencia de visitar el país, una razón intrínsecamente personal, que se develaría en sus "Cuadernos de Vida", publicados, tal como fue su voluntad, luego de su muerte. Es cónsul en California, cuando en ellos escribe:

"Les dije mis razones, muchas, de mi lejanía de Chile. Y, con el corazón oprimido, agregué aquellas otras cosas agrias no dichas a nadie nunca. (...) Si hasta me han colgado ese tonto lesbianismo, y que me hiere de un cauterio que no sé decir. ¿Han visto tamaña falsedad?, les dije. Lo único que faltaba que dijeran esas barbaridades de esta pobre mujer. ¡Chismes! Todo eso es tan amargo, pero además ponzoñoso". (13)

Invitada oficialmente por el presidente Carlos Ibáñez del Campo (paradojalmente el que le había retirado su sueldo durante su primer mandato) y atendiendo a la distinción de la Universidad de Chile, que instauró para concedérselo a ella, el honorífico título de Doctor Honoris Causa, arriba la maestra premio nobel al país en septiembre de 1954.

Otra circunstancia que decidió este regreso, fue su malogrado estado salud, *"la montañesa mujer"* como ella se definía, había perdido la fortaleza recia de mujer de campo, desde que se quedó sin alimento de sol. Los primeros estragos se registran en Magallanes, en que la Directora acusa síntomas de reumatismo. Una afección al corazón le impediría ir a las alturas de Quito en 1938 y, más adelante, ni siquiera subirá las escaleras de su casa en Rapallo. Sufrirá también de diabetes y su vista tendrá serias complicaciones. La crisis que le provoca la muerte de

Yin Yin, hará también lo suyo. Gabriela Mistral presiente, a sus sesenta y cuatro años, que si deja transcurrir el tiempo, no volverá a estar en el valle de su infancia y, luego de participar en el Centenario del nacimiento de José Martí en La Habana, emprende la navegación hacía Chile.

Escuela de humildades

Tenía ella, a esas alturas de su vida, obra y presencia irradiada por el mundo, infinidad de pergaminos y condecoraciones -además del Nobel- que llenarían, sin exagerar un ápice, varias páginas. Junto con su extranjería llegaron los homenajes, no salió de Chile para alcanzar la fama, la tenía antes de su primera travesía, con escala en Cuba, a México. En aquel país y en todos a los que llegó, especialmente en América, fue de inmediato recibida como una personalidad. Sus versos y su pensamiento, habían anticipado la admiración del continente, su breve biografía se había extendido como una leyenda.

Conocer a la poeta de **Desolación**, era también estar con la insigne maestra y con la autora de los bellos "Motivos" religiosos y de los fervorosos "Recados" para la *"América Nuestra"*. Su presencia venía a confirmar su grandeza hecha de espíritu sensible y portentosa inteligencia. Ella, en un principio, era la primera sorprendida con el despliegue de admiradores y miraba hacia atrás para ver a quien aclamaba la gente. No le iban, sin embargo, los intentos de canonización, más bien le espantaban. Cuando salió su biografía con el título "Divina Gabriela" (Virgilio Figueroa 1934) lo pasó pésimo pensando en las burlas

70

que recibiría. A la "Santa Gabriela" (Benjamín Carrión, 1956) intentó que su autor le quitara el apelativo. Pidió a un filólogo de Oxford un texto biográfico, que nunca llegó, para que al cartapacio de su postulación al Nobel no se adjuntaran las reseñas rosas, que sobre ella circulaban en Chile. Como todo artista verdadero, Gabriela Mistral buscaba la comunión con lo trascendente en acto solitario. Y no mareaba fama alguna su claridad de navegante:

> *"No confundo yo, mujer de la palabra por oficio, fama por gloria, ni siquiera con reputación. Popularidad tengo, feísima ganancia y ella -yo me lo sé- ensucia y mata la gloria pura. Multitudes nunca me buscaron y nunca las busqué; las tengo gratuitas y no las uso como los políticos para ninguna senaturía ni para su propio engaño. Pueblos tengo también, que es cosa mejor, y los quiero y los sirvo".*
> (El Mercurio 8 de Julio de 1934.)

La obtención del premio Nobel multiplicó sus reconocimientos, por citar sólo algunos de relevancia: Doctorado Honoris Causa de la Universidad de Florencia, Chevalier de la Legión d'honneur en Francia y Medalla Enrique José Varona de Cuba, "por su valor de acercamiento espiritual, su obra patriótica y su gran sentido de americanismo", en 1946; Doctorado Honoris Causa por el Mills College de California 1947; Premio Anual de la Academia Norteamericana de la Historia Franciscana, 1950; Premio Nacional de Literatura de Chile, 1951; Doctorado Honoris Causa de la Universidad de California, 1953; Doctorados Honoris Causa de la Universidad de Columbia y de la Universidad de Chile, 1954.

Distinguida con los máximos honores, es recibida Gabriela Mistral en su patria, los primeros días de septiembre de 1954. La única ocasión en que habló desde un balcón del Palacio de La Moneda, fue en este último retorno. Sabía ella perfectamente que el asunto agrícola no se abordaba en las esferas del poder del país. Entendía, sin embargo, el simbolismo del escenario y el sentido de la oportunidad. Con un "Aquí os la dejo pueblo, que queréis escucharla", la anunció el canciller Roberto Aldunate a una multitud que desbordaba la plaza de la Constitución. *"Nunca fui más feliz que cuando supe que los campesinos tenían su pedazo de tierra"*, dijo Gabriela Mistral a ese pueblo que la ovacionó.

Hubo voces que interpretaron su mensaje como signo de senilidad; poco la conocían. La conciencia del valor social y moral de la propiedad de la tierra, fundada en su niñez rural, estuvo presente en su hecho poético, textos y discursos durante más de cuatro décadas. Su lucidez estaba intacta y lúdica su singular ironía. He aquí unos párrafos de ese pensado y profético discurso escrito para aquel día de septiembre de 1954:

"Criada en el campo y con el campo quedado en mí... la noticia de una Reforma Agraria en Chile, ha sido la alegría de mi vida entera.

(...) La familia que me hospeda me preguntó por qué había yo amanecido tan risueña. Les contesté: porque al fin mi gente del valle de Elqui, tendrá viña suya, huerta suya, uvas y pasas suyas.

(...) Congratulaciones para el Valle del Elqui, que ha esperado un siglo con una paciencia de santo civil, de santo acongojado y con unos dejos de amargura en otras ocasiones. Y congratulaciones para todas las demás provincias fruteras y hortelanas.

Cuando yo contaba a algunos la reforma agraria de México y la alegría desatada del indio mexicano, cultivador único ya por fin desagraviado, las gentes ponían cara de espanto. Sin embargo, todos querían eso innombrable y nada más que eso porque los problemas urbanos eran de menor urgencia.

El hortelano sin huerta, lo mismo que su patrón el hacendado, sabían que aquello no podría esperar un siglo más porque los planos naturales estaban vencidos, ¡desde el nacimiento de Chile!

La fecha de esta justicia madurada con una lentitud que no podríamos llamar vegetal sino mineral merecerá ser celebrado con el fervor mismo de los "dieciochos de Septiembre". Se trata de la segunda emancipación y hasta diría yo, de un segundo nacimiento del país.

Hay ahora en los chilenos errantes y en los sedentarios algo así como el saboreo de una honra nacional nueva y ancha. Llevaremos por el mundo un rostro más digno porque ha crecido nuestra honra colectiva... La mera frase "Tenemos en marcha una reforma agraria" ha subido de golpe nuestra honra ciudadana nacional.

El Presidente Ibáñez, hacendado según me dicen, ha querido extender al campesinado de su Patria su propia alegría de Presidente Rural... El mandatario ha querido borrar el absurdo eterno del hortelano sin huerta y de sus hijos sin fruta. Él ha cancelado la muy ancha y retardada deuda que Chile tenía respecto de sus labradores que conjuntamente con el minero son ciudadanos de nuestra patria.

...El País debía un desagravio ancho y rápido al hombre rural, autor de nuestro paisaje, cancelador de la aridez, alegrador de nuestra mesa y padrino de nuestros niños.

Cuenten esta Pascua Florida los padres a los chiquillos, cuenten el segundo nacimiento de Chile en la Reforma Agraria. Hemos inventado muchas fiestas mayores por causas pequeñas o vulgares, la más linda y más fundada será desde hoy la de esta reforma agraria del año..."

¡Viva la patria en su segunda y real emancipación de su suelo! (14)

En un reciente ensayo, el crítico literario Grínor Rojo, señala que, desde el balcón de La Moneda: "Gabriela Mistral decidió superponerle a la codicia inhumana del país de los patrones, la utopía esperanzada del país de los poetas". (15)

País de la Ausencia

Luego del Nobel, seguirá la vida andariega y de trabajo de la maestra chilena. Como cónsul en California, se instala con casa propia, que adquiere con las coronas suecas, en Santa Bárbara, a fines de 1945. En este tiempo en que su afán poético está en **Lagar** y en **Poema de Chile**, conoce a la joven intelectual neoyorkina Doris Dana, en un ciclo de conferencias que dicta en la Universidad de Columbia. Ella le presenta a Thomas Mann y, en agradecimiento a la gestión, Gabriela Mistral la invita a visitarla en Santa Bárbara. Nueve años acompaña, cuida y quiere Doris Dana a la poeta Nobel que, treinta años mayor transita ya por una frágil salud. Irá con ella a México, luego a Italia y nuevamente a Estados Unidos. Gabriela Mistral nombra en su testamento a Doris Dana su albacea universal.

El destino consular a Veracruz y el de Rapallo, fueron de gozo para la cónsul chilena pese a sus varios achaques. Volvía a estar en el México querido de la reforma educacional de Vasconcelos de los años veinte, revelador de asuntos fundamentales, como el indigenismo y de profundización de la cuestión social. Con ancha sonrisa y un extraño sombrero protegiéndola del sol, la vemos en fotografías al ras de tierra en Jalapa y en San Martín de Las Flores. No resiste ella la altura del Distrito Federal y en el Puerto de Veracruz se abrirá la legación chilena. Lúcida y atenta al acontecer de la historia, sus "Recados" interpretan los años de la posguerra y hablan de la Paz:

"Tengan ustedes coraje, amigos míos. El pacifismo no es la jalea dulzona que algunos creen; el coraje lo pone en nosotros una convicción impetuosa que no puede quedársenos estática. Digámosla cada día en donde estemos, por donde vayamos, hasta que tome cuerpo y cree una "militancia de paz" la cual llene el aire denso y sucio y vaya purificándolo.

Sigan ustedes nombrándola contra viento y marea, aunque se queden unos tres años sin amigos. El repudio es duro, la soledad suele producir algo así

como el zumbido de oídos que se siente en bajando a las grutas ... o a las catacumbas. No importa, amigos: ¡hay que seguir!"
("La palabra maldita", Veracruz, noviembre de 1950).

ITALIA

A Italia irá feliz. Luego de una breve temporada en Nápoles, se radicará definitivamente en Rapallo. Desde que recorrió por primera vez Europa en 1925, Gabriela Mistral quedó prendada del arte de las ciudades, el color del mar y del tipo humano del italiano. Génova había sido su primer destino consular, cargo que no pudo asumir por la censura de Mussolini en los años treinta. Regresaba, en el ocaso de su vida, a ser cónsul en su querida Italia.

"Fui muy vagabunda y me empiezo a poner sedentaria. Estoy contenta en esta tierra. Es posible que viva aquí el resto de mis días. Este es el país más hospitalario, de más calidad humana, de mayor capacidad y sensibilidad artística del mundo".

En este tiempo, sus publicaciones y conferencias se distancian. Su salud es frágil y su energía la reserva y vuelca en escribir su largo "Recado para Chile". En casa con Doris Dana, recibe por temporadas más y menos largas a varias amistades y se organizan largas tertulias. Uno de los consentidos de la maestra, el poeta colombiano Germán Arciniegas, recordará en 1960:

*"He estado estos días en su casa vieja esta de Rapa-
llo y quiero decirle todo está lo mismo: muy chileno el
mar con esas costas llenas de recovecos, que a usted la
impulsaron a izar la bandera de Chile como en casa
propia. Rapallo, Margarita, Puerto Fino, todo como
cuando usted era el Cónsul y su casa la toda Nuestra
América. (...) Tenía usted razón está "ciudad" cabe en
el puño de una estrecha rada de un monte. (...) "Vayan
no más con Doris" diría usted a los amigos que le caían
de visita, y los dejaría ir, y se quedaría sola fumando
y viendo entre el humo azul, mejor que nadie la Isla
de los Dorias, el Cristo en el fondo del mar. (...) Ya me
parece oírla usted tan criticona ¡Aquí falta la Cruz del
Sur! (16)*

Nueva York

En 1951, está de vuelta en América, su última misión consular será en Nueva York, donde junto a Doris Dana se
instalan en la tranquila villa de Roslyn Harbor. En 1953
y 1954 integra, como delegada de Chile ante las Naciones
Unidas, la Comisión Jurídica y Social de la Mujer. El 8 de
diciembre del 1955, en la Asamblea del organismo internacional se celebra el octavo aniversario de la Declaración
de los Derechos Humanos Básicos. La maestra que asiste
en calidad de invitada de honor, tiene el semblante can-
sado y una figura cuya delgadez delata sus males de salud.
Será esta una de las últimas ocasiones en que se le verá en
eventos públicos y en el siguiente texto estampe su sello:

"Hace ocho años dos palabras bajaron hacia las mul-titudes de varias naciones y de millones de hombres, y son esas palabras las que celebramos hoy en la forma de los Derechos Humanos.

Muchas patrias ya conocían esta honra, pero no eran todas las criaturas quienes gozaban de estos derechos. Este día llegó por fin hace ocho años y lo celebramos como un nacimiento pascual (...)

Celebramos la universidad de nuestra hazaña civil, pero subiste en nosotros todavía un gesto de tristeza. Echemos una mirada que abrace al mundo y quedare-mos pensativos. (...)

Yo sería feliz si nuestro noble esfuerzo por obtener los derechos Humanos fuese adoptado con toda lealtad por todas las naciones del mundo. Este triunfo será el mayor entre los alcanzados en nuestra época".

Un flash noticioso, informa el 5 de enero de 1957, que el estado de salud de Gabriela Mistral, internada de urgencia, hace algunos días, en la habitación 220 del Hospital Hempstead en Long Island, ha pasado a ser de suma gravedad. El carcinoma pancreático diagnosticado en etapa avanzada, va desvaneciendo a la poeta en el invierno de Nueva York.

La madrugada del jueves 10 de aquel enero, nos dejó la poeta en la ciudad de Desolación. Tenía 67 años.

"Toda buena crítica es biográfica. Las mías suelen ser así y no quisiera que fuese enteramente fantástica la biografía de usted que trazo, a base de las lecturas de sus obras. Claro que ella será una biografía poética. En una biografía de esta especie, los hechos son una selección y nada más de los de la vida del autor y aún pueden ser irreales puesto que las ilusiones son también hechos mentales que influyen poderosamente en la formación de los poemas. Quien tiene conocimiento bastante para decir cuales los hechos pertinentes es el autor mismo. Veo que sigue siendo cardinal en usted el amor a la niñez. En DESOLACION ya se veía que los hombres somos niños de mayor edad y que necesitamos de los cuidados maternales de la mujer, aunque muchas veces lo ignoremos o lo neguemos. Pero los adultos no somos los niños más importantes, y en TALA usted vuelve a los que importan más...

(...) ¡El academismo es tan tímido! El evita el empleo de toda palabra no sancionada por el Diccionario, a pesar de que sabe muy bien que en éste faltan millares de palabras de alcurnia indudablemente honrada... Puedo asegurarle a lo menos bajo mi palabra de filólogo, que los de mi oficio no están en esto al lado de los académicos.

(W. J. Entwistle, carta a Gabriela Mistral) (17)

Colofón con "cara de hallazgo"

El epitafio de Gabriela Mistral en su tumba en Montegrande, dice: *"Lo que el alma hace por su cuerpo, es lo que el artista hace por su pueblo"* atribuyéndose desde siempre a la poeta la autoría de la frase, que en el pie de firma tiene en mayúsculas las iniciales G.M.

La línea de investigación trazada inicialmente para esta pequeña obra, llevó tal vez a un hallazgo: la frase no pertenecería a Gabriela Mistral y esta sería la razón por la que no se encuentra registro de ella en su obra.

Cuando se anuncia el 15 de noviembre de 1945 que se le ha concedido el Premio Nobel de Literatura, la poeta que reside en Petrópolis, recibe un vendaval de telegramas felicitándola. Entre ellos hay uno de su amiga, la escultora chilena Laura Rodig. Fechado en Santiago en 16 de noviembre de 1945, el texto del telegrama dice:

"NACIONAL LO QUE EL ALMA HACE POR SU CUERPO ES LO QUE EL ARTISTA HACE POR SU PUEBLO SU ANGEL ME SONRIO LA VISPERA QUE EL QUIERA AHORA DARLE MI RECDO INMENSO = LAURA RODIG

Facsímil del telegrama enviado por Laura Rodig a Gabriela Mistral.

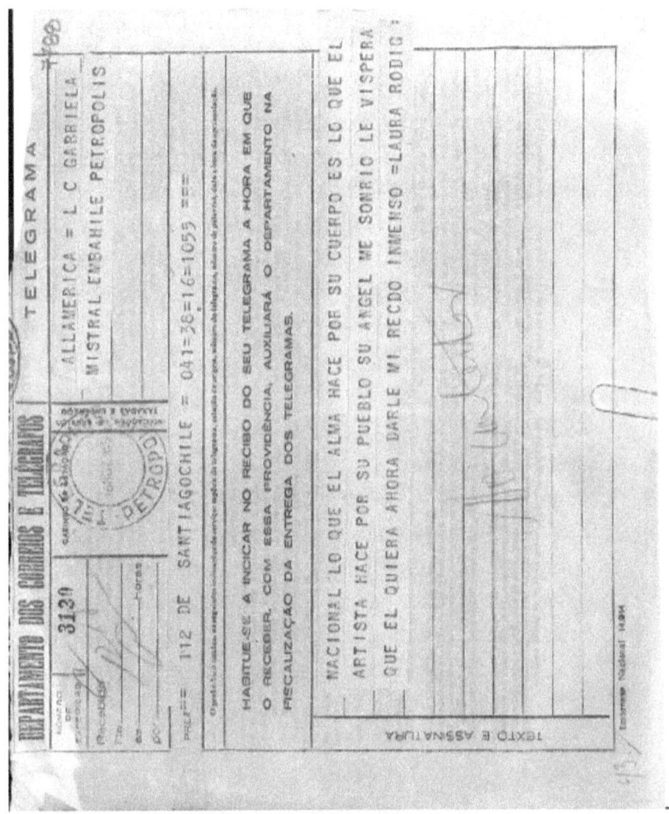

DEPARTAMENTO DOS CORREIOS E TELÉGRAFOS — TELEGRAMA

NÚMERO DE EXPEDIÇÃO 3130

ALLAMERICA = L C GABRIELA

MISTRAL EMBAHILE PETROPOLIS

PREF = 112 DE SANTIAGOCHILE = 041=38=16=1055 ===

HABITUE-SE A INCICAR NO RECIBO DO SEU TELEGRAMA A HORA EM QUE O RECEBER. COM ESSA PROVIDÊNCIA, AUXILIARÁ O DEPARTAMENTO NA FISCALIZAÇÃO DA ENTREGA DOS TELEGRAMAS.

NACIONAL LO QUE EL ALMA HACE POR SU CUERPO ES LO QUE EL ARTISTA HACE POR SU PUEBLO SU ANGEL ME SONRIO LE VISPERA QUE EL QUIERA AHORA DARLE MI RECDO INMENSO =LAURA RODIG=

TEXTO E ASSINATURA

Imprensa Nacional 14.954

Notas

1. Carta de Gabriela Mistral a "Caros Compadres" (Radomiro Tomic y Olaya Errazuriz), diciembre 18 de 1951. Legado Atkinson, Biblioteca Nacional de Chile.

2. "Cómo hago mis versos", conferencia de Gabriela Mistral en Montevideo, Uruguay, en 1938. El texto fue transcrito de una grabación, hallada por Ruth González-Vergara en Madrid. Se pública por primera vez en la *Revista Araucaria de Chile*, N-45, en Madrid, 1989.

3. Carta de Laura Rodig a Gabriela Mistral, Santiago abril de 1946. Legado Atkinson, Biblioteca Nacional de Chile.

4. Jorge Covarrubias, "Siguiendo las rutas de Gabriela Mistral en Nueva York", Academia Norteamericana de la Lengua Española. www.academia.edu/10052138/ SIGUIENDO_LAS_HUELLAS_DE_GABRIELA_MISTRAL_EN_NUEVA_YORK

5. Amanda Labarca (Santiago 1886-1975). Destacada pedagoga, intelectual y feminista chilena, por quien Gabriela Mistral sentía una profunda animadversión al considerarla culpable de los agravios que sufre por parte del magisterio, especialmente cuando fue nombrada Directora del Liceo 6 de Santiago. Su desagrado por la académica iniciaría en Los Andes, y se mantendría a lo largo de su vida.

6. Jorge Covarrubias, "Siguiendo las rutas de Gabriela Mistral en Nueva York", Academia Norteamericana de la Lengua Española. www.academia.edu/10052138/ SIGUIENDO_LAS_HUELLAS_DE_GABRIELA_MISTRAL_EN_NUEVA_YORK

7. Palma Guillén de Nicolau. *Lecturas para mujeres, Gabriela Mistral (1922-1924)*, México: Editorial Porrúa, 1988 (7º edición).

8. Germán Arciniegas, "Recado sobre Gabriela Mistral", *México en la Cultura*, 3 de Marzo de 1957.

9. Gonzalo Zaldumbide. *Cartas* (1933-1934). Edición, prólogo y notas de Efraín Villacís y Gustavo Salazar, Consejo Nacional de Cultura, Quito, 2000.

10. Carta de Gabriela Mistral a James William Entwistle (1895-1952). Dr. en Filología, especialista en literatura Hispanoamérica, y Director del Departamento de Español de la Universidad de Oxford. Fechada 24 de Enero de 1940. Legado Atkinson, Biblioteca Nacional de Chile.

11. Ver laudito Premio Nobel de Literatura a Gabriela Mistral, 1945. www.nobelprize.org

12. Carlos Errázuriz, [Oficio N° 388/94] fragmento, 16 de noviembre 1945. Legado Atkinson, Biblioteca Nacional de Chile.

13. Jaime Quezada. *Bendita Mi Lengua Sea. Diario Íntimo de Gabriela Mistral*, Editorial Planeta, Santiago, 2012.

14. "Lo primero la tierra". Legado Atkinson, Biblioteca Nacional de Chile.

15. Grínor Rojo, "Gabriela Mistral y la Reforma Agraria" en: "A 50 Años de la Reforma Agraria", *Anales de la Universidad de Chile*, Octubre de 2017.

16. Germán Arciniegas, *América Mágica II. Las mujeres y las horas*, Editorial Sudamericana, Buenos Aires, 1961.

17. J. W. Entwistle, "Algunas Referencias a Tala", (1939) Legado Atkinson, Biblioteca Nacional de Chile.

Sobre la autora

Claudia Reyes García dirige, a partir de 2009, el Sello independiente *Letrarte*; antes fue Directora de la Revista *Tricahue Planeta*, compromiso escrito con el medio ambiente (Sociedad Ambientalista Tricahue, 2001-2008) y colabora como consultora internacional en temas de la Gobernanza para América Latina (l'Institut de recherche et débat sur la gouvernance, I.R.G). A contar de 2010 es Vicepresidenta de la Corporación Otro Puerto.

Desde 2004, se dedica al estudio y difusión de Gabriela Mistral, con énfasis en el territorio, y presta asesoría al proyecto patrimonial "Ruta Camino a Gabriela Mistral".

Nace en Santiago de Chile en abril de 1967; crece y se forma en la ciudad de Quito (1975-1990). Actualmente, y desde hace dos décadas, reside en La Herradura, pueblo con mar en el norte chico chileno.